眠れなくなるほど面白い

ヤバい心理学

監修・神岡真司

日本文芸社

はじめに

「ヤバすぎる」心理ツールだけを厳選しました！

テレビや雑誌、学校や職場でも、「心理学」は大人気のコンテンツです。

他人の言動の裏に潜む「心」の正体を知りたい――。
自分の気持ちや考えのベースになっている「本音」を理解しておきたい――。

私たちは、いつだってこんな願望に支配されているからです。
他人の「心」がわかれば、先手が打てます。
相手が「イエス」と言いたくなる状況・条件を作り出せばよいからです。

また、自分の感情の源を把握できれば、自分の行動を望ましい形にコントロールすることもできます。今まで以上に多くのものを手に入れるチャンスがひろがることでしょう。

本書は、数多《あまた》ある心理学のツールの中から、「これだけは絶対に知っておきたい」という重要度Ａ級の「ヤバい」コンテンツだけを、こっそり、あなただけにお届けするものです。

他人に知られ、使われる前に、あなたが身につけておけば安泰です。

相手から仕掛けられても、「お、きたな！」とかわせるようにもなるからです。

どこからでもよいので、今すぐお読みになることをおすすめします。

神岡真司

Contents

第2章
STAGE-2
さらに〝敵〟を知る！
～行動や言葉の裏の本音・本性を見抜く …… 47

POINT

第3章

STAGE-3

敵の心の〝ツボ〟を突く！

POINT

第4章
STAGE-4
敵の心の〝ツボ〟をさらに突く！

もっと心理学
column

第1章

STAGE-1

まずは〝敵(相手)〟を知る!

~しぐさやクセから相手の深層心理を読み解く

STAGE-1
POINT 01

人の心は目に見えるところに現れる

〜目の前の相手の本音を紐解くヒント〜

効果的にあの人の心に迫る方法

「相手がどう考えているかわかればこの問題は解決できるのでは」「もっとうまく事を進められるのでは」「あのとき相手の心がわかっていれば」——と誰しも一度は思ったことがあるのではないでしょうか。

そうした「人の心を知りたい」という欲求は人類の命題ともいえるもので、古今東西、さまざまな研究が推し進められてきました。生年月日などを使用しての占星術や東洋占術、心理学をベースとした性格テストや適性診断、はたまた血液型や家族構成による性格診断など、現代でも多くの人たちが「人の心を知る」ための各種方法を試しているのはご存じの通りです。

しかし、**人の心というのは複雑かつ複合的で、その時々の状況などによって猫の目のようにくるくる変わります**。傾向を知ることはもちろん大切なことですが、万人向けの具体的かつ有効な方法というのは、やはり難しいものです。

とはいえ、その効果をアップさせていくことは可能です。

媒体を通した接触のみで一度も会ったことはない、といった人ならともかく、ビジネスやプライベートで実際に対峙している相手には、その人に合った、いわゆるツボを押さえた対応ができるようになるためのポイントが存在します。

人の意識下の情報を見分ける

今このとき、**目の前で話している人というのは、話す内容以上に〝何か〟を伝**

えているものです。当の本人すら意識していないこともしばしばですが、それらは視線やしぐさ、話し方などにさりげなく織り込まれ、発信されています。相手が伝えてくることを注意深くキャッチし、対応を繰り返すことで、人を見分ける力を深め、その人自身の本質・本音をつかむことが可能に。その結果、相手と自分の関係を思いのままに操ることもできるようになるのです。

人が伝えてくることを意識して受け取ろうとすることは、観察力とともに洞察力をはぐくみ、同時に客観性を身につけて、自らの在り様を見つめ直すことにもつながります。そうして得た成果は、ビジネスにプライベート、さまざまなシーンで効果を発揮し、知っているのと知らないのとでは人生は大きく変わってくるでしょう。逆に敵に握られると「ヤバい」心理術ではありますが、自らを客観視できるようになったあなたは対策を講じることもできるはず。というわけで、以下ではまず、〝何か〟を読み取るテクニックについて見ていきましょう。

目の前の相手のすべてが情報源に！

ログセ
顔の表情
身ぶり＆しぐさ
ファッション
この人「○○○○」ってよく言うな
視線がよく動く…
何か後ろめたいことでもあるのか？

情報入手中の注意

- さまざまなパーツに注意を払いつつ視線は相手全体に向ける
- 相手の話には適度に相づちを打つ
- 口元は固く引き結ばず、上げすぎない程度に口角を上げる

STAGE-1 POINT 02

目が伝えてくれる感情と意思

～〝瞳孔〟は口以上にものを言う～

目から受け取るさまざまなサイン

目の前の相手から受ける印象というのは、その大きさや形に関係なく、目の表情で決まることが少なくありません。

なかでも表情が最もよく現れるのが瞳孔です。明るくなると小さく、暗くなると大きく——猫の目が顕著でよく知られていますが、瞳の中心にある瞳孔は、光の量を調整するために開いたり閉じたりしています。しかし、そうした役割と関係なく、**人は何か興味を惹かれたり、「欲しい」「好きだ」と思うものを見たとき**

など、ポジティブな感情が生じた場合も瞳孔が開くのです。

たとえば、話している相手の瞳孔がパッと大きく開いたら、その話題が相手にとって気になるものだということ。漫画などで、劇中登場人物が何かに心動かされたことを目が「キラーン」と光ることで表したりしますが、その状況がコレ。逆に、目の前のものが好きではなかったり、反感を抱いたりしたとき、瞳孔は閉じます。まさに「目の光が失われた」状態です。

瞳孔の変化の意味を意識しているポーカーのプレイヤーたちなどは、色の濃いサングラスをかけて、カードを引いたときに自らの瞳孔を第三者にチェックされることを阻止することも。ここからもわかるように、相手の瞳孔の開閉は、その人の感情の動きや意思を推し量る大きなヒントとなるのです。

瞳の色素の薄い欧米人に比べると日本人の瞳孔の動きは見にくいこともありますが、注意深く観察していると、気持ちが高揚することで瞳孔が通常より大きくなることがわかってくるはずです。

目の動きが示す思考の方向性

瞳孔の開閉のほかにも、目が〝心の窓〟であることを示す研究は各所でなされています。そのひとつに、人は何かを脳内でイメージしているとき、その内容により目の動きを変える、というものがあります。つまり、**目が動く方向で、思考の内容がわかる**というわけです。

左ページの図のように、右利きのほとんどの人たちは、視覚的イメージを思い浮かべているとき、目を上に動かします。何らかの響きや音、言葉が思い浮かんだときは、目は真横に。内容が触覚・嗅覚・味覚などに関わるときは右下を向き、正面を見ているときは、何かを視覚でイメージしていることが多いのだとか。

これを踏まえると、ウソをついた人は、実際あったことの記憶をたどる右脳で

目の動きでわかる脳内イメージ

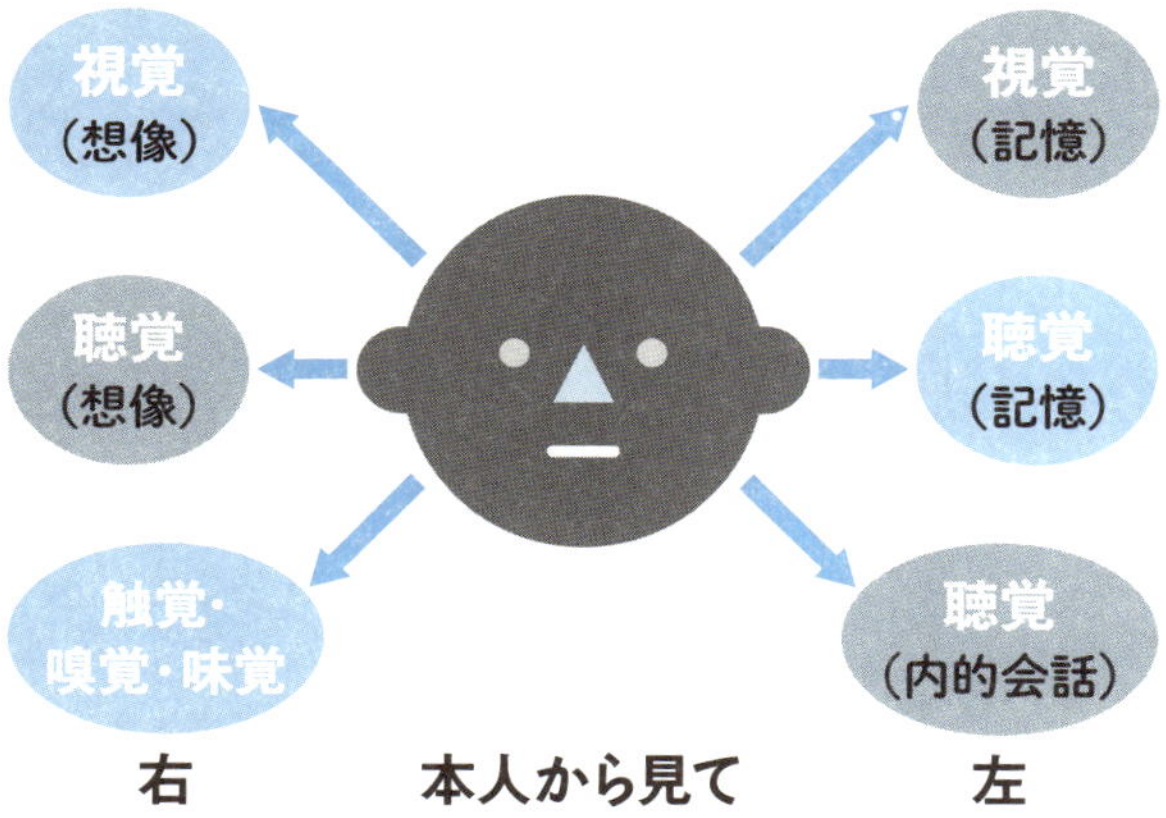

はなく、左脳をフル回転させて架空の出来事を構築していることになります。右上に視線をそらせるということになります。つまり、「昨日は家で何してたの?」という質問に、視線を右上に向けた人はウソをついているということになります。

なお、左利きの人の多くと少数の右利きの人の目の動きは、図にあるパターンとは左右が逆になる、ともいわれます。しかしその人の目の動きの一定の法則がわかると、それに基づいた反応が得られることがわかっています。

STAGE-1
POINT 03

目と口元が示す相手の心模様

～まだまだある！　顔周りからの情報～

表情の変化は左側でキャッチ！

顔の表情から相手の情報を入手する方法は多々あります。そのなかから、ここでは相手の機嫌をうかがうときのコツについて見ていきましょう。

〝書いてある〟ように気分が顔にはっきり出る人、ポーカーフェイスの人、さまざまですが、よりその人の感情をすばやくキャッチしたいというときに注目すべきは、相手の顔の左側（向かって右側）。**人の感情は、顔の右半分よりも左半分に出やすいとされている**ためです。

これは、直感など音楽や芸術性・創造力に対する働きが活発な右脳と、言語分析・公式・計算・理論に基づいて働く左脳、両者の役割の違いによるもの。人間の神経は体内で交差しているので、右脳の動きは左半身に、左脳の動きは右半身に現れやすくなります。感情を司るのは右脳なので、それらの動きは顔の左半分により強く出る傾向があるというわけです。

つまり、興味のある話題などに乗ってきた相手が思わず口元をゆるめるのはまず、顔の向かって右半分。慣れるまでわかりにくいかもしれませんが、言葉にはならない相手の感情を尊重しながら会話をスムーズに進めるうえで、押さえておきたいポイントといえるでしょう。

パーツの動きが伝える愛想笑い

人が笑うときに大きく動きが生じるパーツといえば、口元と目。しかし、どんなに楽しそうに見えても、目と口が同時に動いて笑顔になったという場合は、〝つくり笑い〟疑惑が濃厚です。**楽しいことがあったとき、人はまず口元をゆるめ、次いで目の表情を崩していくというのが普通。**両者が同時に動くのは、そこに何らかの意図が存在すると考えられるのです。

そんな笑顔のもうひとつの特徴が、一瞬で消えるということ。自然に発生した笑みであれば、徐々にフェイドアウトする感じで消えていきます。

ビジネスシーンの営業スマイルも、合コンでの可憐な笑顔も、その裏の〝計算〟が垣間見えると興醒めこの上なし。つくり笑いに心当たりのある人は、くれぐれもご注意を。

視線をそらさない人の思惑とは

一般に「人の話を聞くときは話し手のほうを向き、相手の目を見るもの」とよくいわれます。確かに、目線を合わせようとしない人が相手にいい印象を与えることはありません。これは、相手が自らの存在を無視され、軽んじられたように感じるためです。

逆に、**相手の発言が一段落するたびに目を見ると、あなたの内心はどうあれ、「わかってくれてる!」という印象を相手に与え、自分を認めてくれたあなたへの好感度は一挙にアップ、関係はぐっと近づく**でしょう。

かといって、話の間中、ずっと相手の目を見続けるというのはやりすぎ。動物の場合を考えてもわかるように、それは単なる〝威嚇〟です。凝視される人への心理的プレッシャーを知りつつあえてそうするのは、相手の居心地を悪くさせてもとにかく自分が優位に立とうとしているということ。この時点で今後の付き合いを考えたい相手ではありますが、ここはそのペースに乗らず、落ち着いて話を進めること。要所以外は視線をはずし、場の空気の流れを変えていきましょう。

からだのこのパーツを触る人は……

～〝なくて七癖〟が教えてくれること～

口元に手をやりがちな人

オフィスで人と話しているとき、ひとりパソコンの前で作業をしているとき、ひょっこり現れる〝クセ〟。本人は気づいていないものの決して人知れずとはいかない、そんなクセの数々は、人の意外な一面を伝えてくれます。

考え事をしているときや、なんとなく会話が盛り上がらないとき、その場の空気が停滞したときなど、**口元に自然に手が――こうした人は、精神的に他人に依存したがる傾向がある**といわれます。いかにも誰かに頼りがちな女性だけでなく、周囲から〝デキる〟と一目置かれている男性もなかにはいるので意外かもしれませんが、いったん家に帰ると妻に何もかも任せきり、という一面があるのがこのタイプです。母親と密接な関係にあった乳幼児のころ、唇はおっぱいから栄養と安らぎを同時に得る重要なパーツでした。唇やその周囲を指で確かめるという行為は、記憶の底に刻まれたかつての安心感を無意識に求めるもの。不安や心もとない感覚を覚えて居心地が悪くなったときについ出てしまうのです。別に人に迷惑をかけるものでもありませんが、もし「頼れる人と付き合いたい！」といった場合は、一度お相手のしぐさを観察してみるのもアリでしょう。

なお、指で唇のみを触る行為に比べると見逃されがちではあるものの、思案しているかのように手でアゴを支えて指で唇を触るというポーズは、意外に多くの人がやりがち。実際妙に落ち着くものですが、そうとわかると恰好のいいものではありません。できるだけやめておきましょう。

頬や耳、目元を触る人

頬に手のひらをあてたり、耳たぶを指でつまんだり。**話しながら頬や耳を触るというクセのある人は、サービス精神旺盛で話し上手、周囲を惹きつける能力に長けており、ナルシストが多い**ともいわれます。

オネエ系タレントなどがお得意とするポーズでもあり、確かに納得、という感じですが、ある意味、芝居がかったオーバーアクションともいえるこうしたポーズを抵抗なくこなすのは、あらゆる面で〝盛る〟のをよしとする傾向の表れ。こういう人は、相手の反応がよければ話をどんどん面白く脚色、誇張していくので、盛り上がった話題に関しては話半分で聞くくらいで正解です。

また、ウソをついている人は手でこするなど目を隠すポーズをとりがち。これは無意識に目の表情を読み取られまいとするからだとされています。

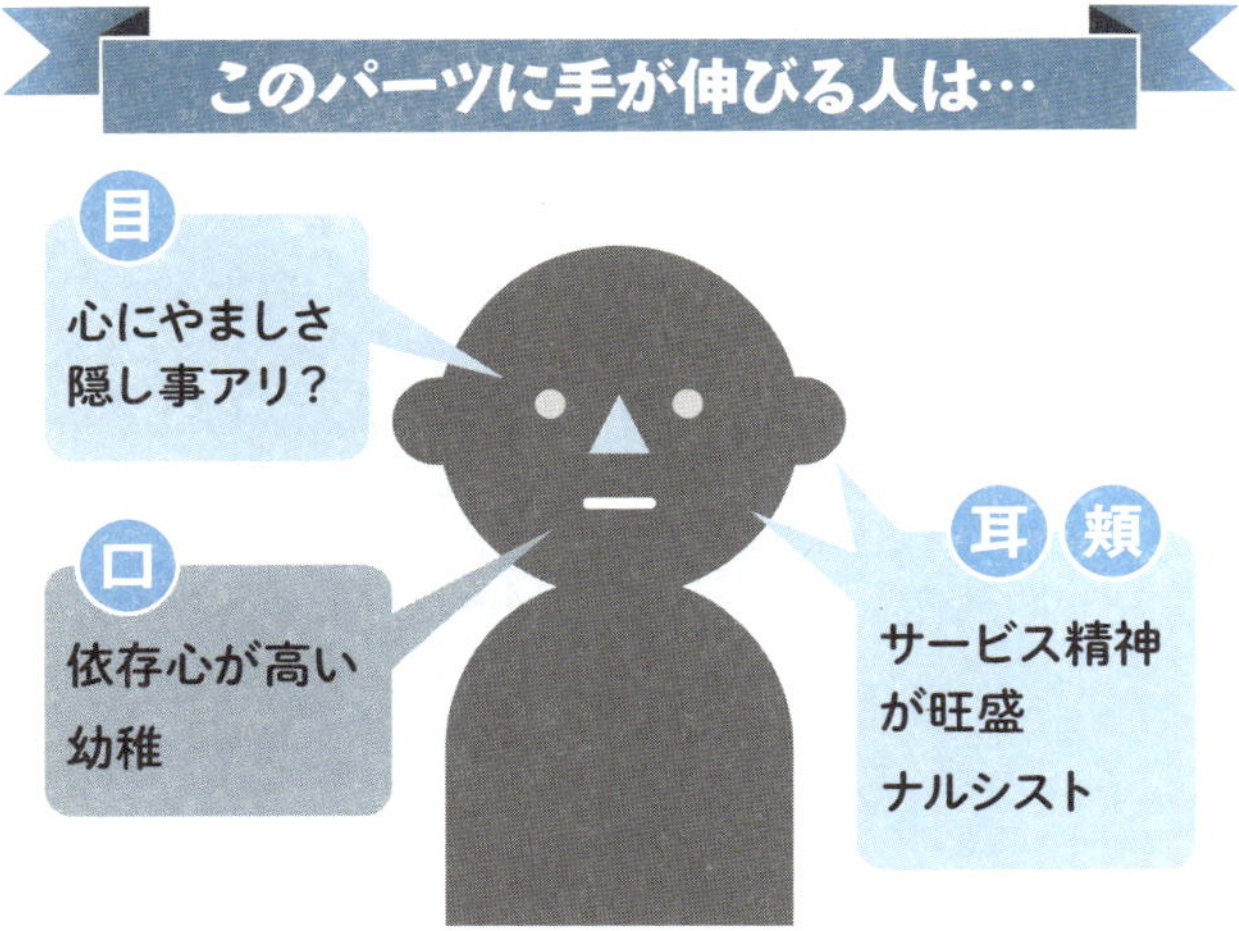

両手で頬を挟む人

「○○なんだよ」「えーそうなのー」——ある人気女性タレントのおなじみのポーズでもある、両手で頬を挟むポーズ。これは「大変ー」と**相手の話に敏感に反応しながら、同時に、話の登場人物になりきってしまうほどの共感性の高さを示しています**。こういう人がドラマなどにハマっているときにその世界を否定するようなことを言うと、想像以上に機嫌を損ねたりするので注意しましょう。

STAGE-1 POINT 05

プライドの高さを表す人の姿勢とは

～このしぐさの裏にはこんな心理が～

自分を〝大きく〟見せるポーズ

プライドが高く、野心や出世欲の旺盛な人ほど、周囲に対して自分をより〝大きく〟感じさせたいと考えるもの。その意思は、能力やキャリアのみならず、外見にも及びます。つまり、物理的にも自分を〝大きく〟見せようとするのです。「背伸びでもするの？」と思った人は、当たらずとも遠からず。たとえば、仕事などである程度の時間、行動をともにすれば、その人にそうした自己アピール願望があるのはわかるでしょう。しかし、そうでなくとも、一見しただけでその片鱗に触れられるポーズがあるのです。

何人かが話をしているとき、「このなかでプライドが高いと思う人は？」と問われたら、あなたはどんな人を指しますか？

正解は、「アゴが目立つ人」。生来のアゴの形状ではなく、アゴを突き出すようにして話の輪にいる人です。それはズバリ「この場の誰よりも優位に立ちたい」との自己顕示欲の表出にほかなりません。ちなみに**アゴを突き出すと、胸元も自ずと前方に出て、目線も上から下、周囲を見下ろすようなかたちになります。こうしたポーズがすっかりしみ込んでいるのは、周囲より常に自分が上位にありたいと考えているということ**。実際できているかどうかは別ですが。

アゴを出さずに引くと……

アゴといえば、それまで普通に話していた相手が、何かをきっかけに、**アゴを**

引いて上目遣いをするようになったら、何か反論があることを示しています。

実際にやってみるとわかるように、アゴを引くと、目の前の相手に頭を向けることになります。これは犬や猫のファイティングポーズにも通じるもの。からだで最も硬いパーツである頭部を見せつけることで、相手への威嚇、攻撃の意思を明らかにしているのです。

人間の場合も心理的には同じ効果があり、意見がぶつかりそうになると、無意識のうちにアゴを引いた攻撃態勢をとる人がいます。目をそらさないため、上目遣いになるのもケンカ前の犬や猫に酷似。目の前の相手がそんなふうになったら、受けて立つか回避するか、即刻対応を考えましょう。

胸を張りすぎる人々

立っているだけで周囲の羨望の眼差しを集める姿勢の美しい人。

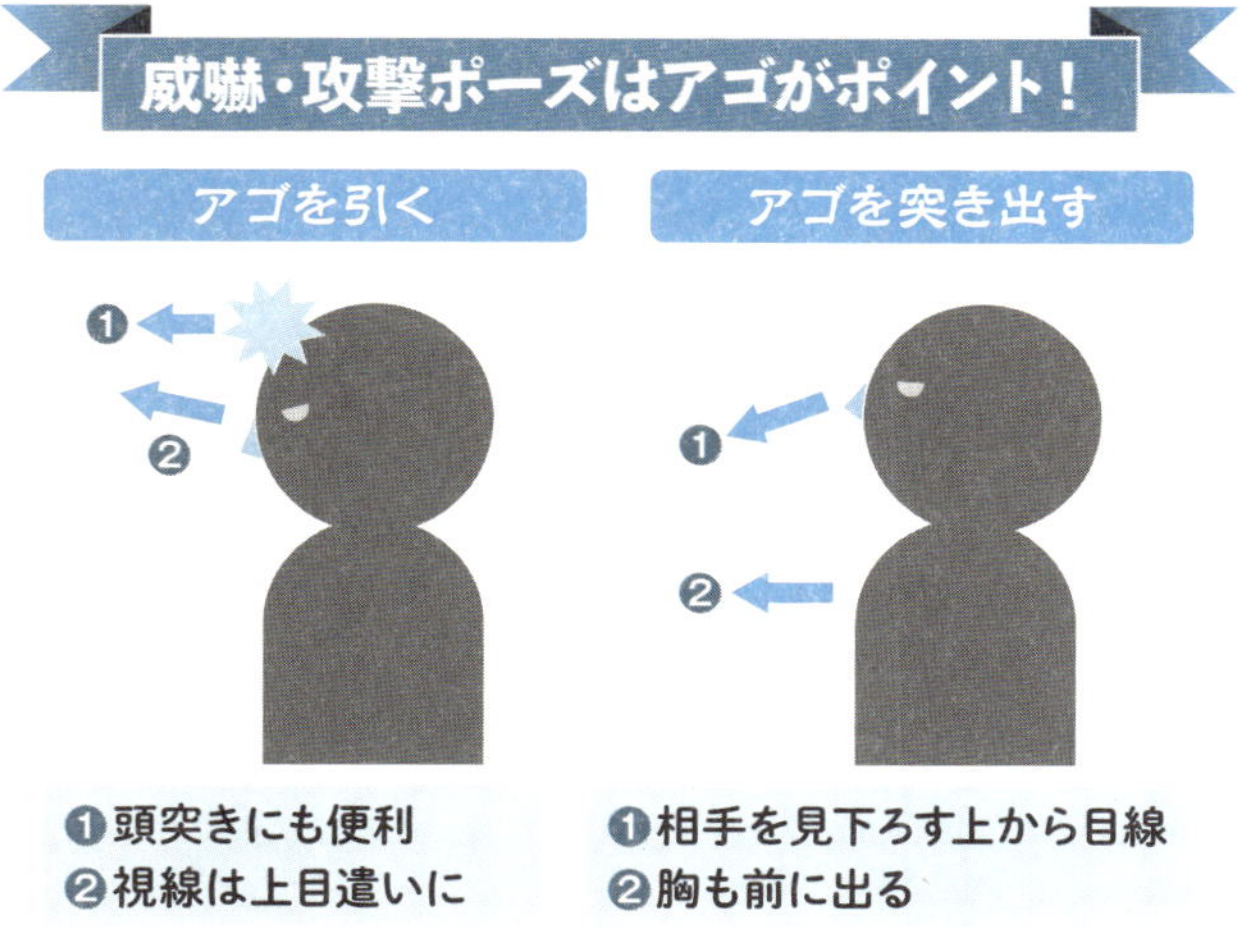

それに憧れて慣れない姿勢を目指すと不自然に胸を張りすぎてしまったりしますが、それ以外に、見るからに過剰に胸を張っている人というのがいます。彼らは**意識して胸を張り、その状態をキープしようとすることで、自らに緊張を強いている**のです。

そういう人たちは、強い人間に見られたいという欲望こそあれ、前述のプライドの高い人などに比べると至極純粋で悪意のないキャラ。どちらかというと友人になりたいタイプといえます。

STAGE-1
POINT 06

口グセで相手の本性を見極める

～そのひと言に隠されたこんな心理～

「絶対」は自信のなさの裏返し

毎日繰り返していることであっても、不慮の事態などで予想どおりにいかないことはままあるもの。世の中に「絶対」確実なことというのは存在しません。それを考慮すれば、ビジネスなど慎重を期すべき場面では「絶対」は自ずと封印されることに。**「これは絶対イケる」などと「絶対」を安売りするのは、レベルの低い詐欺師くらいのもの**でしょう。

しかし、そうでなくとも「絶対」を多用する人がいます。自分の経験などをべースにした、いわば裏付けのあることならともかく、なかにはこれから取り組もうとすること、未体験の事象について言う場合も。

実はこれ、**深層心理学的にみると、その人の「自信のなさ」の表れ**。相手に対して保証したり説得するというよりは、「〝絶対〟大丈夫だ、大丈夫なはず」と自らにも言い聞かせて暗示をかけようとしているのです。

困ったことに、こうした人は感覚的な面が強いため、その時々の感情、置かれた状況により意見が左右される傾向もあります。もし「絶対」に続くのが不本意な内容だった場合、特に発言者が上司やクライアントなどである際は、面倒ですが、可能な範囲で時間を置いて再確認し、被害を最小限にとどめていきましょう。

「いちおう」「やっぱり」の多い人は

「決定ではないけれど、とりあえず」の意味を込めて、現在進行している事案の途中経過報告や予定等を伝える際などに使用される「いちおう」。こう前置きされたあとに続く内容に「変更が加わる〝かもしれない〟」というニュアンスを含む暫定的な言葉です。しかし実際には特に大きなことでもない限り、その後内容が変更されることはほとんどありません。

これは、「いちおう」とは言いながらも、その発言者の中ではすでに決定事項となっている場合が少なくないため。あらかじめ「こう」と決めた内容にあくまでも〝いちおう〟、念のためにつけているものなのです。

この「いちおう」を多用するのは、慎重でプライドが高く、固定観念の強い、どちらかというと変更を嫌う頭の堅いタイプが多いようです。「〝いちおう〟この方向で」と言われて、「まだ決定ではないなら、こんな方法も」と提案しても、歓迎されない可能性大。「空気の読めないやつだ」とうっとうしがられることも。発言者がクライアントや上司の場合、ここはそのまま受け入れるのが賢明です。

ログセ＝相手を読み解くキーワード

やっぱり
アレさー
そこが
やっぱり…
相手のペースに
乗りすぎない
ようにしよう
そうですね

逆に、「やっぱり失敗したか」「やっぱり正解だったね」という具合に、文章の流れによって否定にも肯定にも使える**「やっぱり」の使用頻度の高い人は、物事を臨機応変に考えるタイプ**。ひとつのことに固執しない、さっぱりした性格でもあります。

フットワーク軽く、状況の多彩な変化にも巧みに対応できますが、便利とあいまいが裏表の「やっぱり」というログセ同様、一貫性に欠けることも。厳密さを期待せずに付き合うのが正解でしょう。

「えーと」の多い人には一歩引いて

話し始める際や会話中に「えーと」を使いがちな人は、依存心の強いタイプといえます。「えーと」でひと息おいて次の行動や言葉を慎重に選んでいるのでは、というのはうがった見方。ほとんどの場合深い意味はなく、「えーと」で無意識に自分に注目を集め、今の状況を相手に共有してほしいという幼稚性の表れです。

味方になってほしいとアピールする「えーと」愛用者には、「そうですね」「了解です」とこまめに相手を肯定することで、信頼を得ることができます。

ただ、クライアントなどに対応する際の「えーと」の連発はいただけません。特に、決定事項の確認や説明・報告時の「えーと」は、内容に迷いがあったり理解が至らないのではという印象を与えることも。その人に報告させるのは避ける、「えーと」を出さないようクギを刺す、といったことも大切です。

もっと心理学
column 1

手と足の動きで相手の気分がわかる！

雄弁なハンド&フットサイン

比較的よく目にするものですが、手や腕を使った次のポーズは、拒絶や警戒心、威嚇といったネガティブな感情を示しています。

まず、挨拶のときなどにおなかに手をあてるポーズ。これは、相手に警戒心を抱いているということ。おなかを隠そうとするのは、無意識に防御の姿勢をとっているのです。

同じく、**自分を守ろうとする心理が働いているのが腕組み**。からだの前で腕を交差させる姿は自分を守っているようですが、実際そう。会話中の腕組みは、話の内容に疑問を抱き、不安を抱いていることを表す拒絶の合図です。

ひじを張って**手を腰にあてたポーズは、自分の体を大きく見せることによって相手を威嚇するときにとる姿勢**。テーブルを指でとんとん叩くのは、納得していないときや、会話を終えたいと思っているときです。

なお、腕のあらゆる動作は、そのままそっくり足の動作に置き換えることができます。前述の“指とんとん”は、足を揺するという動作、腕組みは足を組むことで表されます。相手の意識があなたに向いていれば足はあなたのほうを向きますが、そうでない場合、足はソッポを向いています。**エネルギーは注意を向けたほうに行くのです。**

STAGE-1
POINT 07

このログセがある人には要注意

～使い手の性格がダダ漏れする3語～

ここだけがコワイ「ここだけの話」

打ち明け話や悩み事などを持ちかけるのは、自らをオープンにすることで相手ともっと親しくなりたい、深く付き合いたいという気持ちが根底にあることが多いもの。これを心理学で「自己開示《じこかいじ》の返報性《へんぽうせい》」といいます。もちろんこの行動には、自分の情報を伝えることで、あなたの情報を開示してほしい、と暗黙のうちに相手に促すという性格もあります。

無意識にでも「自己開示の返報性」を求める人が使いがちなのが、「ここだけの話――」という言葉。親交のある人からされる「ここだけの話」は、自分への信頼を感じてうれしくなるもの。それをきっかけに「実は……」と自分も同様にプライベートな話をして、両者の距離がさらに近づくこともあります。

逆に、それほど付き合いのない人からこの言葉が出ると、驚く人も少なくないのでは。かなり立ち入ったことを聞かされれば、自分との温度差にドン引きしますし、「ここだけの話」が人のウワサ話だったりすると、場合によっては相手に不信感すら抱いてしまいます。深く考えずに「あのさー」レベルの軽い意味合いで「ここだけの話」を使っている人は、気をつけたほうがいいでしょう。

また、それほど悪意はないにせよ、相手の持っている情報を引き出す手段として「ここだけの話」を持ちかける人もなかにはいます。もともとそのつもりのなかったことを流されて話してしまうのは、後悔のモト。**意外な「ここだけの話」の話し手には、できるだけ冷静に、聞き手に徹しておくこと**をおすすめします。

迷惑を招く「だから」と「意外と」

人の相談事を聞いていたはずなのに、佳境に入ると強引に割り込み、話の主導権をとりたがる人というのがいます。そのペースにすっかり乗せられ、気づけば一座の全員が体《てい》のいい聞き役に。不消化感で、その人以外は不満を抱いたまま帰宅ということも少なくありません。

そんな迷惑な自己中人間が大好きなのが、押し出しの強い「だから」。「だから～」と他人の話の腰を折っては会話の流れを自分に引き寄せたり、求められてもいないのに異なる意見を無理やりまとめたがったりします。

「だから」の「だ」は、音のなかでも特に強く発音するため、高圧的な印象を与える「舌音」。音でも意味でも相手に有無を言わせない「だから」愛用者は、基本姿勢が傲慢で身勝手なので、仕事でもトラブルメーカーになりがちです。でき

ログセでわかる本性・本心

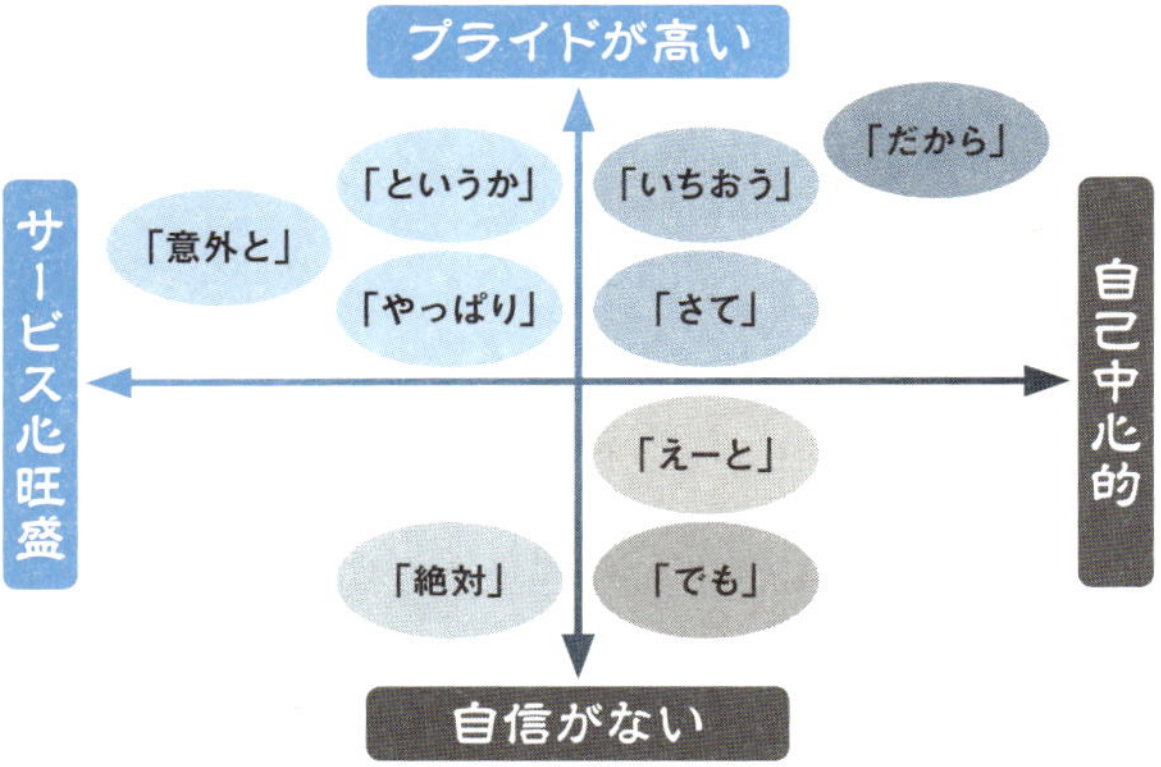

るだけ適度な距離を心がけましょう。
なお、**人に迷惑をかけるという意味では、「意外と」がログセの人も要注意か**もしれません。文字どおり「意外性」を示す言葉がお気に入り、ということは、その人にとってはイレギュラーなことはあくまでも好奇心を煽られる〝面白い〟もの。堅実な人にはその感覚がストレスのモトになるかもしれません。しかし先入観にとらわれないアイデアマンでもあるので、生かすも殺すも付き合い方しだいともいえます。

STAGE-1
POINT 08

〝デキない人〟の2大口グセ

～自らの至らなさを露呈する言葉とは～

「大変だった」がログセの人は――

「今回いろいろ大変で――」と、自分のかかわった案件にまつわる苦労話を好んで披露する人がいます。聞く側からすると、内心「それほどのことか?」と相手の経験値と能力、客観性のなさに苦笑することも少なくありませんが、話し手に他意はないので、否定したり途中で遮ったりせず聞き流すようにしましょう。

なお、聞き流すといっても、あからさまに気のない様子は見せず、適度に相づちを打ったりしながら、ある程度相手の気が済むまで付き合うこと。そうした人は打算で行動しない気のいいタイプが多いので、自分を受け入れてくれたあなたにこれまで以上に心を許し、ときに、よき相棒や僕《しもべ》となってくれるはずです。

また、**苦労話をしたがる人というのは、総じて自分の実力を過大評価しがち。**「大変だったけど無事やり遂げることができた」「難しい局面を乗り越えた」と語るうちに、実際以上にハードな内容の仕事だったような気になり、それをこなした自分の力量自体も過大評価してしまうのです。対するあなたは冷徹な聞き手として、相手の信頼を得つつ、さまざまな〝大変〟エピソードを通して自分の仕事に有益な情報を得られることも。まさに一石二鳥といえるでしょう。

逆に、**多少なりとも「大変」と言いたがるという自覚のある人は、今後は意識してそうした行動を抑えることをおすすめします。**ただ、それがストレス解消となっていることも多いので、無理のない程度で。抑制を心がけることで、徐々に自らを客観視することが可能となり、周囲のこともよく見えてくるはずです。

「時間がない」がログセの人は――

どこにもひとりはいるのが、いつ見ても「時間がない」と忙しそうに動き回っている人。「仕事のやり方を変えたほうがいいのに」と周囲の誰もに思われていたりと、**忙しさと評価が必ずしも一致しない**というのも、そうした人の特徴です。多くのことに首を突っ込みたがるものの、巧みに取り回す能力があるわけではないため、それぞれの仕事運びは当然のことながらおざなりに。結果的に携わった案件は深みのない展開にとどまらざるを得ないのです。

では、時間があればいい結果を収められるかというと、必ずしもそうではありません。実はこういう人は各案件について熟考することに慣れておらず、自らの能力も把握できていません。「忙しくてそれどころじゃ」と仕事にじっくり取り組むことから逃げ、いつしか仕事の結果よりも手帳に予定をぎっしり埋めること

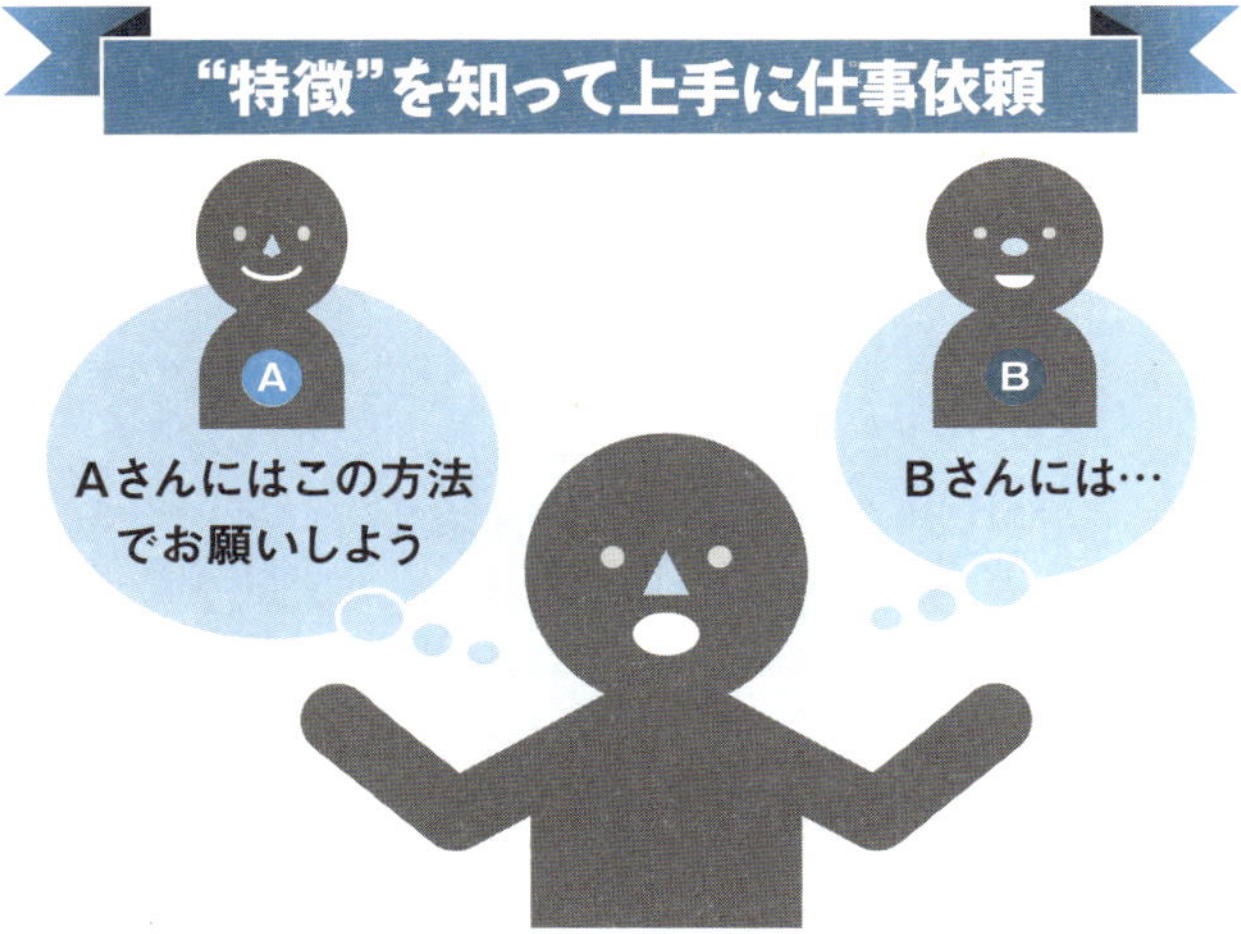
“特徴”を知って上手に仕事依頼
A
B
Aさんにはこの方法でお願いしよう
Bさんには…

を目的としてしまってきたので、時間の有効活用ができないのです。

しかし、**数をこなしているため顔は広いですから、意外なコネクションを有しており、それが思いがけない成果を導くことも。**必要以上に忙しそうに振る舞うのは、そうした自分を認めてもらいたいからなので、仕事を頼むときは「忙しいところ悪いんだけど」とまずその「多忙ぶり」を認めてあげましょう。相手の特徴を押さえた依頼を心がければ、きっと力を発揮してくれるはずです。

もっと心理学
column 2

こちらもチェックしておきたい！
こんなログセのある人は……

話の冒頭に「さて」を使うのは、几帳面で融通の利かないタイプ。話し言葉ではなかなか使いにくい「さて」は、秩序を大切にする姿勢からくるもの。年功序列を重んじるため、敬語を使わない年少者などは、たまに逆鱗に触れることもあります。

「でも」がログセの人は、物事を慎重に進めたいために、相手の話にも用心深くなる、猜疑心《さいぎしん》の強いタイプ。いい面よりも、悪い面のほうが気になってしまうのです。親しくなるには時間がかかりますが、相手の正しい部分を評価し、不安材料を解消するように心がければ、徐々に信頼を得ることができます。

前の意見を否定する意味合いの強い「というか」。ほかには同じような意味合いのことを言い方を変えて話すときにも使われています。「というか」で話しだす人は、相手の意見に対して反対か賛成のいずれかは置いておいて、とりあえず自分の意見を言っておきたいというタイプ。常に何らかの自己主張をしないと気がすまない人です。打ち合わせなどのスムーズな進行を阻害するので、振り回されないように注意。場は盛り上がるものの、堂々めぐりで時間オーバーということも。

あなたの知らないあなたが見えてくる!

ヤバい心理テスト 1

Q こんなとき、どうする?

あなたは夢中で釣りをしていました。ふと気づくと、糸がぐちゃぐちゃになってしまっています。釣りはまだ続けたいのですが、あなたはからまったその釣り糸をどうしますか?

自分なら、こうする! A

1 ほどこうとはするが、すぐにあきらめてしまう。

2 からまった糸を粘り強くほどこうとする。

3 ほどこうとはせず、ほかの糸と取り換える。

診断&解説は次のページに!

ヤバい心理テスト 1

解　説

からまった釣り糸をどうするか。これは、あなたが「人間関係のトラブル」にどのように対処するか？を表しています。

もつれた糸は、人間関係のこじれ。つまり、もつれた糸に対してあなたがどのような処置を行ったかで、人との関わりをどのように考えているのかがわかるというわけです。

1 と答えた人

誰かとの間にトラブルが起こったとき、いちおう関係修復を試みはするものの、うまくいかないとすぐに相手との距離を置いてしまうタイプ。あきらめずに取り組むことで得るものは多いのですが……。

2 と答えた人

ベストを尽くして相手との関係をなんとか修復しようと骨を折るタイプ。あなたの必死に努力する姿は、相手にきっと通じるはずです。

3 と答えた人

プライドが高く、相手との縁をすぐに切ってしまうタイプ。人間関係を深めることができないので、いつしかひとりきりになっていた、ということも。

第2章

STAGE-2

さらに〝敵〟を知る！

～行動や言葉の裏の本音・本性を見抜く

STAGE-2
POINT 01

この行動をとる人は実はクセモノ？

～相手に一定の距離を置きたがるタイプ～

相手の言うことを常に肯定する

良好な人間関係、かつ相手のモチベーションや自主性をキープしつつ育んでいく上で、相手を頭から否定しないということは鉄則。たとえ相手の意見が到底認められない的外れな内容であっても、まずはその言い分に耳を傾けてから冷静に対応するのが〝賢いリーダー〟のやり方といわれます。

後輩や部下などの意見に「そうだね」「なるほど」とひととおり耳を傾け、同調したかに見えて、あとから一気に自分の考えを述べ、その方向に舵を切ろうとする上司は、この鉄則の実践に取り組む典型的な人といえるでしょう。

ここからもわかるように、**相手の話を無下に否定しない人は、一見謙虚で人がよさそうに見えますが、実は攻略するのが最も〝難しい〟タイプ**。100%それは違うという部下の意見も辛抱強く聞ける忍耐力のある人なので、いったん判断すると、自分の意見を粘り強く押しとおす頑固さがあります。このタイプの人からは、意見を否定しない人＝それに賛同する人、ではないということをひしひしと実感させられるはずです。

握手に熱意が感じられない

日本では、挨拶時のコミュニケーションのひとつとしての握手はそれほど定着していません。ただ、ビジネスの現場において、仕事上付き合いのある人とお互いの結びつきの強さを確認し合うといった意味で行うことは、業種にもよりますが、それなりにあります。

この場合、パフォーマンスとしてわざわざ握手を選んでいるわけなので、強く手を握り合うほうが自然に感じられますが、なかにはこちらのテンションに比してあまり力の入っていない人というのがいます。そうなると、自分のやる気満々ぶりに対して、相手が妙に冷めている印象なので、肩透かしをくらったような気分に。不信感さえ抱く人もいるかもしれません。

そうはいっても、**手を握る力は、その人の気持ちの表れ。握手を儀礼的にこなす相手は、悲しいかな個人としてはそれほど強い結びつきを求めてはいないのです。**こういう人は、他人と常に一定の距離を置いて人と接するのが心地よいというタイプ。もしくは、よほど親しくならないと積極的になれないかなりシャイな人です。こうした相手には、今後は直接的な挨拶は避けたほうが無難。敬遠され、逆に相手を遠ざけてしまうことになるかもしれません。

相手の思い入れが表れる言動の例

思い入れ 高	思い入れ 低
「ここだけの話」	握手の握力が弱い
「あなただけに……」	「すみません」と呼びかける
瞳孔が開く	基本的に唇は閉ざしている

「すみません」と呼びかける

名前で呼びかけるというのは、信頼関係、相手との距離を詰める第一歩です。

しかし、仕事で何度か一緒になっているにもかかわらず、社名にさん付けで呼ばれたり、「すみません」「これなんですが……」と名前を呼ばないで済まそうとする人がいます。こうしたタイプは、個人として相手を尊重する気持ちが希薄。担当者同士だからといって親しくなるのは難しい相手といえるでしょう。

STAGE-2 POINT 02

この行動の裏にはこんな心理が

～目の前の現実から逃げたい思いの表出～

大事な時期の謎の行動

普段はほかの人以上に掃除や片付けに無頓着なのに、重要なプレゼンなどが近づくと、おもむろに机を整理し始める人がいます。まずはより集中できる環境づくりから着手しているのか――と、初めのうちは周囲もその行動を好意的に受けとめますが、次第に「アレ?」と首を傾げ始めるでしょう。

こういう人は、学生時代には一夜漬けでもなんでもして少しでも粘らなければいけない試験の前日に、部屋の掃除や読書をしていたはず。

心理学で「セルフハンディキャップ」と呼ばれるこれらの行動は、言葉のとおり、自分で自分にハンディを課すというもの。その根底には、迫りくる仕事や試験に対する恐れ、自信のなさが横たわっています。結果がうまく残せなかったとき、傷ついたり落ち込んでしまったりしないように、自分自身を納得させる材料を事前に用意しているのです。

「いつやるか? 今でしょ!」と誰もが口をそろえるタイミングで、やるべきことがやれない。しかし実は自分が今何をすべきなのかは当の本人が一番よくわかっていて、それを意識しているからこそ、こうした行動に走るのです。これはその人が乗り越えるべき大きな課題の表出。後輩や部下が「セルフハンディキャップ」を始めたら、冷たい目で見ずに、さりげなく直前にやるべきことを具体的に指示・アドバイスしてあげましょう。意思は弱めですが基本的に真面目な人が多いので、うまくいけば感謝して今後あなたの力になってくれるはずです。

「うっかり」ミスが度重なるワケ

うっかりしてつい書き間違ったり読み間違ったりするのは、誰しもあること。ただ、しばしば繰り返されるとなると、それはまた別の様相を帯びてきます。

意識的に何かをしようとしたとき、妨害する意図が無意識に作用して、その結果、異なる行動をしてしまう――これは、心理学上では「錯誤行為《さくごこうい》」と呼ばれるもの。**書き間違いや聞き間違いは、本人が気づいていない真の願望の表出であり、そのようなミスの多い人は、抑圧されて日々葛藤している、もしくは自分の本音から目を背け、自分で自分をだましている状態なのかも**しれません。一度自分の内面を見つめ、抑圧された願望を認めることが必要です。

同じく、ミスが続く状態でも、「さっき見ていた資料が見当たらない」といった内容の場合、その一因として仕事に「飽きた」ことが考えられます。物忘れは、

「セルフハンディキャップ」の例

また始まった
現実逃避だぞソレ
せっせっ
ぴかぴか

物事に対する注意力が散漫、集中力を欠いた状態で起こりやすくなるもの。そこには嫌なことから逃げたいという「逃避《とうひ》願望《がんぼう》」が潜んでいます。仕事がイヤになっていると、それに関連する事柄をなるべく思い出したくないという心理が働き、忘れてしまうというわけです。勤労意欲が充実していれば、集中力は高まっているので、物忘れは自ずと減るはず。「セルフハンディキャップ」同様、まず「逃避願望」の原因はどうしたら取り除けるのか、考えてみましょう。

STAGE-2
POINT 03

理想と現実のギャップ大のサイン
～各人各様のストレス解消法～

レシートを丸めて捨てる

現代人とストレスというのは、切っても切れないもの。大小の差はあるものの、多くの人が当然のように抱えているものなので、スポーツにカラオケ、酒など、誰もが自分なりのストレス解消法を持っています。

なかでも、日常的に目にすることの多いのが、レシートを手のひらでくしゃくしゃに丸めてから捨てるというもの。

財布にしまう、受け取らない、すぐに捨てる等、レシートの扱い方は人それぞれですが、レシートをくしゃくしゃと丸めるという人は、実はかなりストレスがたまっているのです。そうした行為を繰り返していたとしても、その多くが無意識のうちに、というのがほとんどでしょうが、この**些細な解消法ではきかなくなるという事態**も考えられます。

自覚のある人は、一度自分の胸の中を見直して別の対応を考えてみてもいいかもしれません。

脚を何度も組み替える

多くの人がイスに座る際、リラックスするために脚を組みます。会議や打ち合わせなどで長時間普通に座り続けたあと、ひと休みしようと別のイスに腰掛けたら自然に脚を組んでいた、という経験は誰にもあるのではないでしょうか。

しかし、何度も脚を組み替えるという場合。その行為には、足を組んで「リラックスしたい」という以上の理由があります。

クセのようにも見える頻繁な脚の組み替えは、そうすることで、心身に刺激を与えてリフレッシュさせているのです。

これは、それだけ自分をリラックスさせようとしているということにほかなりません。こまめにリフレッシュさせなければならないほど、緊張しているのです。

脚を頻繁に組み替えるのは、リラックスしているポーズという以上に、ストレスがたまりやすい状態にあるというサイン。友人などでそうした行動をとる人がいたら、周囲の人はそれとなく話を聞いてみることをおすすめします。

用もないのに長電話

電話で用事が済んでも話の止まらない長電話好きな人。一般に女性と考えられがちですが、実は男性も多いのだとか。その理由のほとんどが、〝気晴らし〟。や

しぐさが示すリラックス&ストレス度

ストレス	リラックス
不要な紙などをくしゃくしゃに丸めてから捨てる	両手は横に下げたり後ろで組んでいる
脚を何度も組み直す	首を傾げる
灰皿にタバコをギュッと押し付けて消す	脚は開き気味
	イスに奥まで腰掛ける

はりストレス解消の一環なのです。

長電話をする人の特徴としては、普段職場などで存在感のない人が多いともいわれます。本来の自分をわかってもらえていないという思いが、その根底にはあるのです。**周囲から影が薄いと思われていることこそ、その人のストレスの最大の原因。**他愛もない日常生活のことについて話しているだけですが、電話を切ったあとの顔は例外なくすっきり。いろいろと考えさせられることも多いストレス解消法ではあります。

STAGE-2
POINT 04

早くてワイルドでルーズな人とは
～行動でわかるパーソナリティー～

約束時間の15分以上早く来る

かつて、待ち合わせ時刻の10分前には現地に着いておくことがビジネスマンの心得とされた時代もありましたが、ときは金なり。携帯電話で手軽にリアルタイムの交通情報などを得られるようになった現在では、5分から2～3分前着をめがけて向かう人も多いのではないでしょうか。

一方で、なぜか15分以上早く来ているという人も。**一見時間にゆとりのある行動を心がける慎重派のようですが、実際はその反対で、時間管理がヘタでルーズ**

な性格の人がほとんど。自分が時間に遅れがちなのを自覚しているので、「遅れてはイケナイ！」という意識が特に強いときは、時間よりも極端に早く来てしまうのです。

弱点を自覚して相手に迷惑をかけないような行動を心がけているという点では評価できますが、待ち合わせ時間にちょうど間に合うためのスケジューリングができない、おそらくほかの案件についても段取り下手なタイプであることは間違いありません。

また、こういうタイプにはこんな落とし穴も。

「あの人はいつも待ち合わせより早めに来てくれているから」と思い込んで早めに動いたりすると、遅れてくるときは本来のルーズさをいかんなく発揮し、極端に遅れてくる可能性があるのです。待ち合わせのみならず、仕事を進める上でも注意したほうがいい相手です。

ポケットにいつもジャラ銭

札は財布にしまうのに、おつりの小銭はそのままポケットに。ドリンクやタバコなどを購入する際は、ポケットに手を突っ込んで小銭を手のひらに広げてピックアップ——独身男性に多く見られるタイプですが、これは、小銭を軽く見ているということにほかなりません。まさに〝どんぶり勘定〟のこうしたタイプは、自覚しているかどうかは別にして、**成功を手にするために地道な努力をこつこつ積み重ねることを軽視しがち**。一発逆転、大物狙いに走って、成功するときもあるが最終的に大成するというところまではいかないというパターンに陥ります。

札もポケットに入れている人は？　というと、こちらは大金を持っていることをアピールしたいだけの成金趣味。どっちもどっちですが、お金の扱い方にはその人の人生にもかかわる深い心理が隠れているのです。

もっと心理学
column 3

相手のこの反応から読みとれる！
行動に表れる気持ち・性格

会話の相手があなたとの間にあるテーブルの上の灰皿などを横に寄せるのは、話の内容とあなたに興味を抱いている証拠。障害である灰皿などを取り除いて、もっとよく知りたいと思っていることを示します。

逆に、常に立ち話で済まそうとする同じ職場の人は、あなたが苦手なのかも。座っての会話は、リラックスして話も広がるもの。忙しくて短時間で切り上げたいにしても、**毎回、立ち話というのは、必要最低限以外の接触を避けているとしか思えません。**

また、**いつもとは違い、冗談や嫌味への反応が遅い人は、なんらかの緊張状態にある**と思われます。途中から余裕をなくしたとしたら、それまでの話で都合の悪いことや嘘を言っていた可能性も。

なお、ポケットにいつも小銭をジャラジャラ言わせている人がいるかと思えば、会計のときは必ず小銭も出そうとする人もいます。こちらは、細かいことも気になるしっかり者。財布の中もきれいに整頓、何が入っているかある程度把握しているはず。仕事でも最後まできちんとしっかり辻つまを合わせる、詰めの甘さとは無縁のタイプといえるでしょう。

STAGE-2
POINT 05

こだわりに見え隠れする性格

～愛用品が示すパーソナリティー～

ショルダーバッグを愛用する人は

ビジネスパーソンが日常使っているバッグといえば、機能性に富んだ、スーツにあう黒っぽいものが大半。その条件を満たしたもののなかでも、ブリーフケースではなくショルダーバッグを愛用している人は、仕事と家庭の往復に終始することなく、趣味など自分の世界を大切にする、好奇心旺盛で自由な価値観を有する人が多いといわれます。**ビジネス、もしくはプライベート、のいずれかひとつに比重を置くのではなく、自分の中でうまくバランスを取りながら、常に新鮮な**

気持ちで生活している常識人のなかの自由人です。

確かに、ショルダーバッグを愛用している人といえば、新聞記者やカメラマンなど、モノ創りに従事する職業に就いているイメージがあります。想像力や自由な発想が求められるという意味では、ショルダーバッグの「両手がふさがることなく自由に動かせる」という利点も好まれる理由でしょう。

ただし、このタイプはロマンチストでもあるので、打たれ弱いという一面があります。仕事や家庭で何かつまずいたりしていったんバランス感覚が崩れると、趣味の世界に引きこもって現実から逃避してしまうことも。自由のタガが外れると何かと面倒なようです。

常に流行を押さえている人は

流行のファッション、ヘアスタイルを上手に取り入れ、いつ見ても小ぎれいな恰好をしている人は、男女を問わず少なくありません。こういう人はブランドの知識のみならず、観光スポットにもアンテナを張り、ライフスタイル全般に高い感度を有する人が多いというのも共通の特徴です。

周囲のこの人に対するイメージは「オシャレにこだわりのある人」ですが、**流行のブランドを押さえる人は、自分なりのこだわりよりも、「自分だけ流行に遅れたくない」「みんなが認める価値あるスタイルをしたい」という心理のほうが強い**のです。

そういう人は、流行のブランドが変われば、当然自分が着るものもチェンジ。そのため流行によって着るものが多彩に変化します。

これは、素の自分にあまり自信がないことの裏返し。自分の個性や趣味では自分を主張できないと考えているのです。

一見ファッションが好きで楽しんでいる印象がありますが、実は周囲と同じも

手の自由度＝自由を求める心

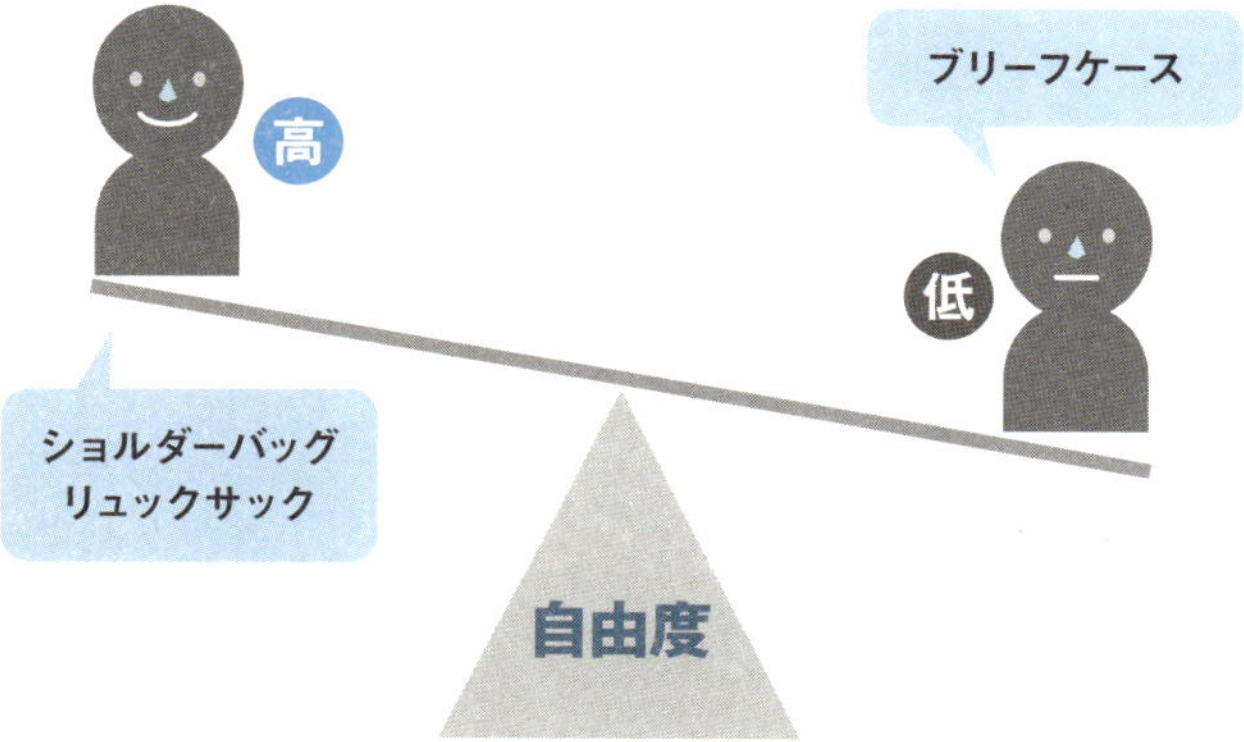

の、メディアで評価の定まったファッションを身につけることで内に秘めたコンプレックスを解消させ、安心を得ているという一面があります。

こういう人は体制に順応しやすく、真面目に仕事をするタイプでもあります。与えられた仕事はきちんとこなし、体制からはみ出すようなことはしないでしょう。しかし積極性やバイタリティに欠けるところがあったり、自己主張不足で冒険心が乏しいなどの物足りなさも否めません。

STAGE-2
POINT 06

性格と気持ちが反映される座り方

～座る場所が示すパーソナリティー～

複数掛けシートの真ん中に座る

電車を利用する人なら経験上ご存じのように、電車の始発駅などで空の車内に乗り込む乗客のほとんどがまず目指すのは、一番端の座席です。また、7人掛けなどの長い座席は、通常は片側に人の座ることのない両端から埋まっていきます。これには、見知らぬ他人との間にある一定のスペース、いわゆる「パーソナルスペース（→P149）」をできるだけ保っておきたいという、一種の縄張り意識ともいえる心理が表れています。

ところが、人との距離感を考えない子供は、人のいない長い座席の真ん中に抵抗なく座ります。同じように、大人であってもこの間のスペースが気にならない人は少数派ながら存在し、こういう人は、普段の人間関係においても距離感に無頓着。**他人のパーソナルスペースに遠慮なく立ち入りがちなので、一緒にいて落ち着かない、居心地が悪い、と思われることも少なくありません。**慣れれば悪意のないことはわかるのですが、誤解されたりして何かと損をするタイプです。

常に出入り口に近い席に座る

飛行機や列車、バスなど、長距離を移動する乗り物を利用する際、あなたが選ぶのは窓際でしょうか、通路側でしょうか。

子供のころは多くの人がほぼ景色の楽しめる窓際を選択したのに、いつしか通路側を好んでいる人というは少なくないのでは。それは、乗り降りやトイレに立つ際などに隣の人を煩わせたくない、もしくは窓からの日差しを避けたい、といった社会経験に基づく判断が、窓側の解放感に勝るようになったからでしょう。しかし、同じく端の席を選ぶという行動でも、次のような場合はまた別の心理が働いているといいます。

講演や講習会の会場で、あるいはオフィスや教室で。**席を自由に選べる場面において、なぜか出入り口に近い席に座りたがる人がいます。こういう人は、心に不安を抱いていることが多い**のです。

不安といっても、火災などの緊急事態に対してのものというよりは、どちらかというと、自身の状況に対するもの。自分はここにいてもいい存在なのだろうか、その場になじめるのか、受け入れてもらえるのか——出入り口近くの席を選ぶのは、そんな不安を感じ、その場からすぐに逃げ出せるようにしておきたいという心理が働くから。実際に外に出る・出ないは関係なく、出入り口に近い場所にいることで心に抱えている不安を少しでも解消しようとしているのです。

イスに浅く腰掛ける人の心理

座る場所のみならず、座り方にもその人の心の状態は表れます。リラックスしている人が背もたれなどにからだをあずけるように深く腰掛けるのとは反対に、**緊張しているときや遠慮する気持ちが強いとき、人はイスに浅く座る傾向があります**。実際には途中で席を立つことはまずありませんが、何か不本意なことがあったときにすぐに立ち上がって次の行動に移れる、と無意識のうちに心とからだで準備しているのです。目の前の相手が浅く腰掛けていたら、残念に思うのは当然のことですが、しかしそれも、接し方次第で変化するもの。最初は浅く座っていた人が、時間が経つにつれて深く座り直すこともあります。これは打ち解けて、心を開いてくれた証拠ともいえるでしょう。

STAGE-2
POINT 07

座る場所でわかる相手との親密度

～席の位置取りが示す人間関係～

席選びで人間関係が明確に

座る席を自由に選べる会議などの場合、相手が自分とどういう位置関係に座るかで、自分に対する親密度などを測ることができます。

たとえば、相手が自分とテーブルの角を挟むように座った場合。その人はあなたと同じような意見を持っている、敵対している意識がないことがうかがえます。距離的に近く、広げた書類などが触れ合うような位置につくことを厭わないということで、かなり親近感を持っていると考えられます。

この位置だと相手の目を見て打ち合わせることもでき、視線をそらして別のところを見るにも便利。つまり近い距離で交流しながらも、お互い最も自由度の高い、リラックスできる位置関係ということがいえます。

また、**相手が向かい合って座った場合、相手はあなたのことをあまり親密な存在と見ていない**と考えられます。逆に、会議では反感や敵意の感じられる意見を述べたり、議論することもあるでしょう。向き合うとは、そういう心理の働く位置取り。席を選ぶときはそうしたポイントを押さえておきましょう。

位置取りでわかる人の性格

好きな席につくことのできる会議で、自分からテーブルの中央に座る人はリーダー意識の強いタイプです。全体を見渡せる場所を選ぶのは、集団の中でも中心にいたいと考えているため。こうした人は、会議以外の場でもやはり中央の席がお気に入り。とにかく真ん中にいるのが落ち着くのです。

また、**長方形にぐるりとテーブルが並べられている場合、リーダー資質の人同士であっても、長い辺の中央、短い辺の中央に座るのでは違いがあります。**

長い辺の中央に座る人は、全体の人のつながりや積極的な意見交換を重視するタイプ。長い辺の中央からは会場全体が見渡せ、参加者ひとりひとりの顔の確認、反応の把握がしやすいのです。できるだけ多くの人に発言させたいと考えているリーダーにとっては、異なる意見を汲み取って議論させたり、同じ意見をまとめるのに好都合な位置取りで、会議自体も活発になります。

対して、短い辺の中央に座るリーダーは、全体を見渡すこと以上に自分が注目を浴びる立場にあることを強く意識しています。リーダーのペースでメンバーを引っ張り、ひとつの結論を早くまとめる場合は、こういう人が適任でしょう。このように、リーダーの座る位置で、会議の方向性も変わるというわけです。

席の座り方に表れるその人のタイプ

7人掛けシートのＡ・Ｂに座る人は…（→P68）

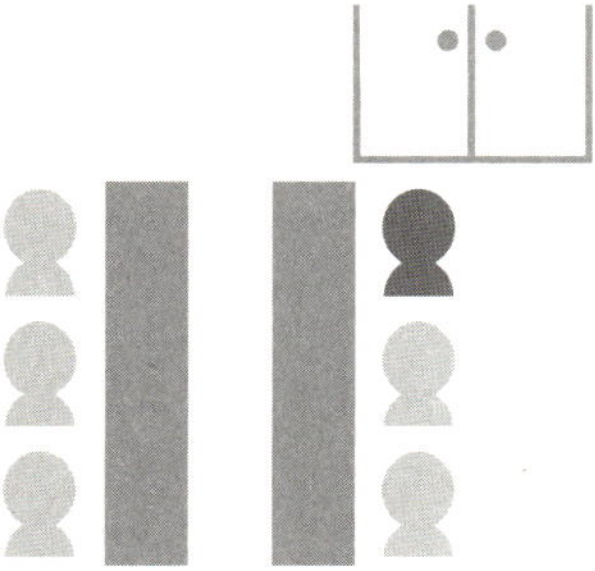

常に出入り口に近い席に座る人は…（→P69）

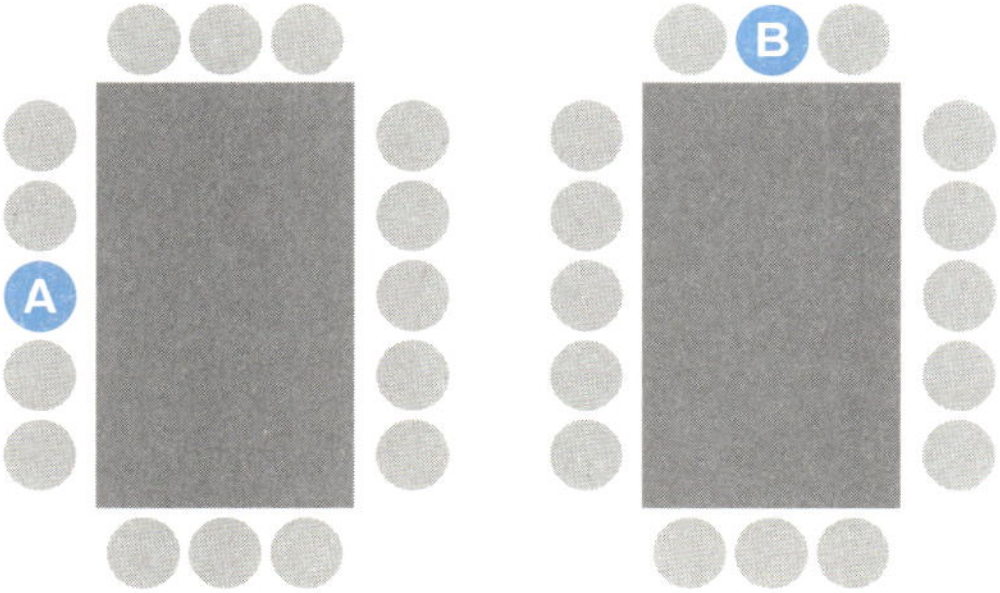

会議室のＡ・Ｂに座るリーダーは…（→P73）

STAGE-2
POINT 08

リーダーのタイプ・能力を見極める
～職場でよりよく生き抜くために～

理不尽に立ち向かうコツはある！

このタイミングでその雑用は断りたい……と思っても、生真面目な性格も手伝って、先輩や上司など立場が上の人間に対しては、どうも無難な対応をしてしまうという人はいませんか。このくらいなら、と無理を押して引き受けているのに、そのやさしさにつけ込んだ上司からは体のいい便利屋扱いされ、感謝されるどころかミスの責任をなすりつけられたり……。

理不尽、不条理――それらが闊歩《かっぽ》してははばからないのが、職場という〝戦場〟

です。はっきりと断るというのもひとつの手ですが、それができたら苦労はしません。理不尽な要求に「ノー」と言ったために上司から目をつけられ、出世の道を閉ざされた先輩の話を都市伝説のように聞いていると、現状に甘んじるしかないような気にもなりますが、そんなことは決してありません。

そうならない**コツは、「イエス」と「ノー」のバリエーションを増やして上手く使い分けること**。対応パターンを覚えておくことで、スムーズに事が運び、人間関係を壊さないまま要求を回避することができるようになります。

断ったことを気づかせないほど、自然に華麗に断るワザを身につけていきましょう。それが職場でのストレスを大きく軽減する、最大唯一のポイントなのです。

リーダーを考えリーダーを目指せ

ほとんどの場合、組織と呼ばれる集団にはリーダーがいます。目標達成のために現場の立場を理解して指示・命令を出して人を動かし、トラブルを仲裁し、すべての人を公平に取り扱う——。采配をふる彼らの能力は、組織とそこに属する人たちの利益、不利益を大きく左右します。

P79の図は、4タイプのリーダーを紹介したものです。あなたの上司は、またあなたはどのタイプですか？　見分けて効果的な対応をしていきたいものです。

リーダーの顔色ばかりを見ていてももちろん問題なのですが、「この人はこう説明すればきっと検討してくれるはず」「このタイプに対してこういう対応はムダだ」等、**自分の上司について研究し、自らの能力、仕事を効率よく評価につなげるよう努めることは、自らのモチベーションをアップするという意味でも、決して無駄にはなりません**。自らがその立場に立った際にも必ず役立つはずです。

リーダーのタイプはさまざまなので、自分を多方向から分析して、戦国時代でいう〝名将〟的リーダーを目指しましょう。

集団機能から見る４つのリーダータイプ

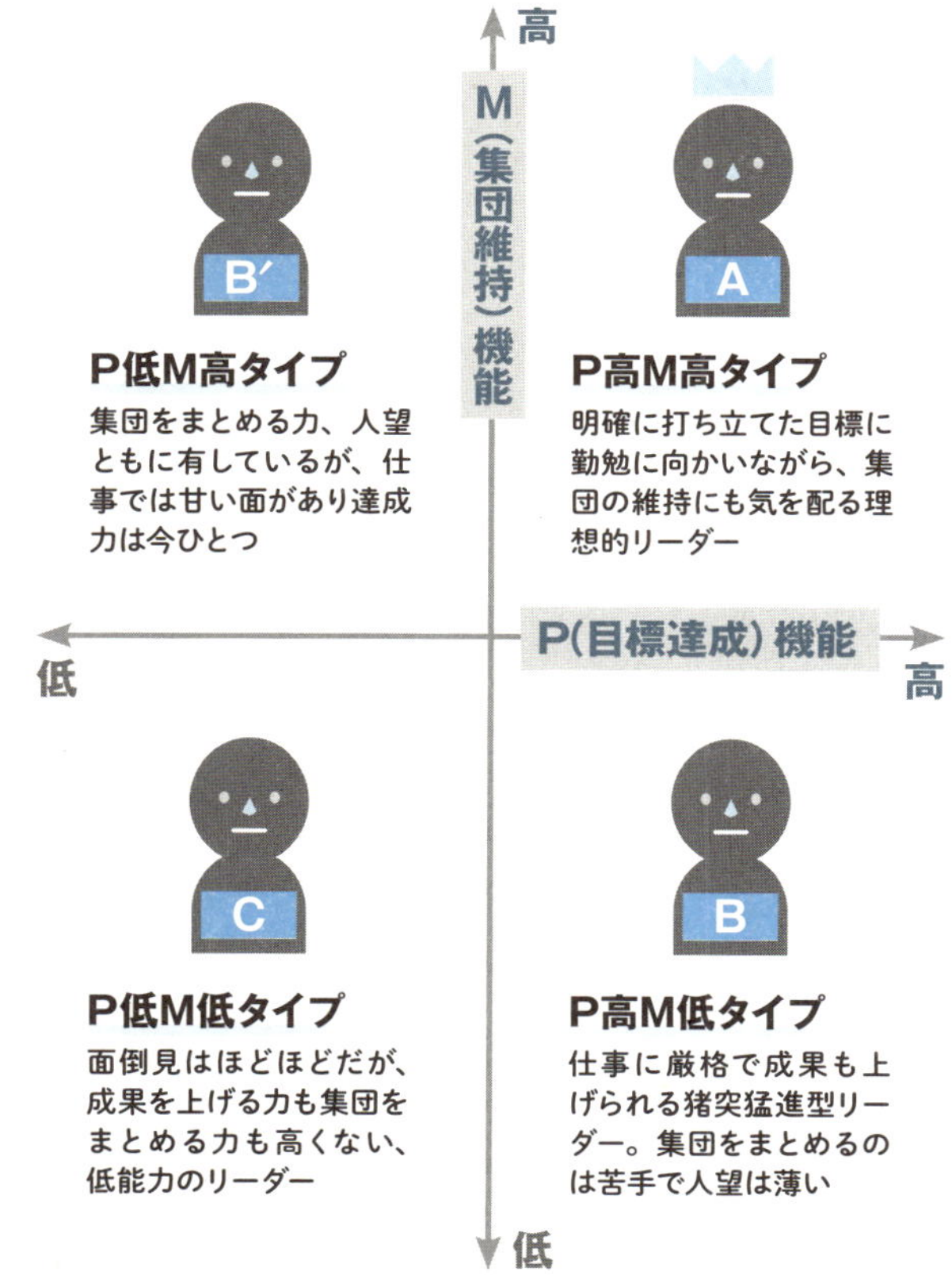
高
M（集団維持）機能
B′
A
P低M高タイプ
集団をまとめる力、人望ともに有しているが、仕事では甘い面があり達成力は今ひとつ
P高M高タイプ
明確に打ち立てた目標に勤勉に向かいながら、集団の維持にも気を配る理想的リーダー
低
P（目標達成）機能
高
C
B
P低M低タイプ
面倒見はほどほどだが、成果を上げる力も集団をまとめる力も高くない、低能力のリーダー
P高M低タイプ
仕事に厳格で成果も上げられる猪突猛進型リーダー。集団をまとめるのは苦手で人望は薄い
低

P機能

PERFORMANCE FUNCTION（目標達成機能）＝目標達成を重視する

M機能

MAINTENANCE FUNCTION （集団維持機能）＝集団としてのまとまりを重視する

もっと心理学
column 4

タイプと特徴を知って対処を考えよう

ストレス度の高い人・低い人

ストレスは、心身に負荷がかかった状態のこと。下は、心臓疾患・ガンの各患者と非患者、この三者とストレスとの関係を調べた研究から導き出されたタイプと特徴です。ストレス度が高いのはタイプAとC、低いのはタイプBです。自分はどのタイプに近いか、チェックしてみましょう。

1□てきぱきした行動を好む。ワーカホリック　2□競争を好み、目標達成願望が強く、野心的　3□早口・早足・早食いである　4□他人の評価を気にする　5□仕事を過剰に抱え込まない　6□家族や趣味などプライベートを大切にする　7□穏やかな性格　8□他人の評価は気にならない　9□負の感情をため込む　10□対人関係で傷つきやすい　11□周囲に従順であまり自己主張しない　12□人のために自分を犠牲にする

●1～4が該当する人＝タイプA…野心的・攻撃的で血圧の上昇や心臓疾患を招きやすい性格

●5～8が該当する人＝タイプB…非攻撃的で病気にかかりにくい

●9～12が該当する人＝タイプC…自己犠牲的で人間関係で落ち込みやすいがガマン強い、ガンにかかりやすい

あなたの知らないあなたが見えてくる!

ヤバい心理テスト2

Q こんなとき、どうする?

あることが原因でイライラしているあなた。どうにも怒りがおさまらず、周囲に八つ当たりしてしまいました。あなたが八つ当たりをした対象と、そのやり方とはどんなもの?

自分なら、こうする!…A

1 部下や後輩の仕事のミスを必要以上に責めた。

2 恋人や親友の何気ないひと言に理不尽なからみ方をした。

3 知らない人の自転車に故意に傷をつけた。

診断&解説は次のページに!

ヤバい心理テスト2

解　説

　機嫌が悪くなったあなたが八つ当たりをした対象と方法は、現在抱えている「ストレス度」を示しています。八つ当たりをしてしまった相手が、身近な人であればあるほど、あなたのストレスは少なめ。逆に、仲のよくない相手や知らない人やその持ち物を思い浮かべた人は、かなりストレスのたまった状態にあるといえます。

1 と答えた人

イライラを身近な部下や後輩に、日常的な仕事のミスにからめて八つ当たりしたあなたは、人間としてはどうかと思う上司、先輩ではありますが、ストレス度としては中レベル。人の迷惑にならない、違うかたちでストレス解消していきましょう。

2 と答えた人

恋人や親友、きょうだいなど気のおけない相手に甘えるように八つ当たりをしたあなたは、ストレス度低タイプ。実際に行うと相手との関係が悪くなるのでご注意を。

3 と答えた人

仲のよくない相手や知らない人や物に八つ当たりするあなたは、かなり危険なストレス度高タイプ。心を休める時間をつくるよう心がけ、ストレスを発散してください。

第3章

STAGE-3

敵の心の〝ツボ〟を突く!

～まずは主導権を握り、優位に立つ

STAGE-3
POINT 01

難問が対人関係を思いどおりに
～主導権をとる、握らせない～

"難問"で相手の自信をゆさぶる

自信満々の同僚や、生意気な後輩――「こいつにはイニシアチブ（主導権）をとらせたくない！」と誰しも一度は思ったことがあるのではないでしょうか。

そんな相手に口答えさせず、こちらの思うように操りたいときに有効なテクニックとは――。それは、「即答できないような質問を連発して、答えに窮させること」です。質問に思うように答えられず自信を失った相手は、その後は何を言っても、「はい」「わかりました」「そうですね」とあなたの言うことを肯定するようになるでしょう。

言い返すという行為は、それなりに自分に自信があるからできること。**自信のないことには、「この人にはかなわない」と自ら進んでは発言しなくなります。そして、結果的に相手に主導権を握られ、言いなりになってしまうのです。**

肝心の、相手が即答できないような難問というのは、たとえば「○○についてどう思っている？」というように大きなテーマであったり、「一般的にはどうだろう？」などと抽象的な内容であったり。あるいは、その話をまったく別の視点からとらえ直した質問も有効です。

視点の高さや、視野の大きさが急に変わると、人はすぐには考えがまとまらず、答えにくくなるもの。それを逆手にとるわけですが、頭をフル回転させて、どんな質問ならば即答できないかを瞬時に判断していきましょう。仕事をしているほうが簡単だという説もありますが。

答えにくい質問は相手に

意見が拮抗しているシーンで自分の意見を求められたものの、ここは中立の立場を保ちたいという場合。どんなふうに対処するのがいいのでしょう。

「よくわかりません」と簡単に答えてしまったり、逆に「うーん」と考え込んでしまうのは、相手に不満や不信感を抱かせたり、あまり頼りにならない人、頭のキレない人と、評価を落としかねません。

相手に誠実さを見せながら質問には答えず、しかもそれ以上追及されないためには――。

まず、質問を受けたら、一時真剣に考えていろいろと策を検討しているふりをしてから、「かなり難しい問題ですね……（ちなみに）あなたはどうお考えですか」と、**逆に相手に意見を求める**のです。

答えにくいＱへの黄金Ａ

相手が自分の意見を話し出したら、「なるほど」とそれを拝聴しましょう。熱心に耳を傾けていると、ほとんどの場合、相手はあなたに意見を聞き返すことなく、その場はなんとなく別の方向に流れていくはずです。

そのほかの場面の答えにくい質問にも、「いい質問ですね」などと相手をほめつつ、「参考までに、あなたのご意見は?」と振ってしまいましょう。考える時間も得られますし、相手に質問の答えにくさを実感させることもできます。

STAGE-3
POINT 02

手ごわい相手に一歩先んじる対抗術
～クレーム対処でスキルアップ～

クレームを速やかに解決するには

仕事の現場では、思いもよらないことで先方の怒りを買ってしまうことがあります。こういうときは、当然ながらとにかく事態を長引かせないこと、可能な限り早い段階で相手の怒りを鎮めることが重要になります。そして、そのためにはできるだけ慎重に、丁寧にクレームを扱ったほうがいいのです。

まず、こちら側に非がある場合は、その点をしっかりと謝罪し、相手の気持ちが落ち着くまでとにかくクレームに粛々と耳を傾けます。このとき、下手に言い訳をすると余計に怒りに油を注ぐことになるので、ただひたすら謝罪しながら相手の話に耳を傾けます。もちろん、黙っているだけではなく、話に納得していることを伝えるための、相づちは適度に行いましょう。

大切なのは、できるだけ深刻な面持ちや話し方で接すること。**相手が激怒しているときには、特に低く落ち着いたトーンの声で対応することを心がけると、先方の怒りを収めることにつながります**。これは、人間が相手の声のトーンに自分の声のトーンを無意識に合わせようとしてしまう心理作用を応用したもの。逆に、興奮状態にある相手に対して、動揺して高い声などで返してしまうのはNG。相手の興奮にさらに油を注ぐことになってしまいます。

とにかく、いくら謝っても口先で適当に応じているのが伝わってしまえば元も子もありません。「反省の色が見られない」と相手を憤激させかねませんし、次からの取り引きもなくなってしまうでしょう。

ピンチの場面に生きる"上司力"

相手が大切な取り引き先であったり怒りの激しい場合は、上司に乗り出してもらうのも事態を早く収束させる有効な方法になります。

社内で立場のある人が足を運ぶという事実は、あなた個人のみならず、これが深刻な事態だと組織的に受け止めている、という姿勢を相手に印象づけます。怒りのなかにはメンツをつぶされたという思いが含まれているので、その埋め合わせに上司の登場はうってつけなのです。普段はありがたみの薄い上司も、ここでは存在そのものが価値。「そこまで反省しているのなら」と相手の怒りも和らげることができるでしょう。

いずれにしても、真摯な態度を示せば、いずれ怒りは収まってきます。最大限事態を深刻に受け止めていることが伝わるよう対応、早期解決を目指しましょう。

悪いニュースで信頼を勝ち取る

悪い報せよりはいい報せのほうが望ましいのは当然のこと。伝える側もいい報せは少しでも早く伝えたいと考えるものですが、悪い報せのときは気が重く伝えるのを躊躇してしまいがちです。

しかし、**速やかに上司に伝えるべきは悪い報告。結果的に信頼も厚くなる**ことにつながります。もちろん、上司も人間、いい報せのほうを聞きたいに決まっていますが、悪い状況に陥ったときは、それにできるだけ早く対処しなければなりません。一刻も早く上司に報告すれば、そのぶん上司にも対処を考える時間が生まれますし、「よく伝えてくれた」とのちのち報告者を評価する心情に。逆に、いい報告は早くアナウンスも大きいのに、悪い報告が遅れれば、「なんで今まで」と激怒されることに。悪い報せは気が進まなくても一刻も早く行いましょう。

STAGE-3
POINT 03

回数で相手を〝落とす〟

～大切なのは時間の長さより回数～

交渉を成功させる数マジック

頻繁に顔を合わせている相手とは、何をしているわけでもないのに、なんとなく親密さが増します。これは心理学で「熟知性《じゅくちせい》の原則《げんそく》」と呼ばれているもの。繰り返し会っていくうちに、相手に対する好感度というのは無意識のうちに高まっていくのです。

ビジネスにおいてもこの原則は大いに役立ちます。3カ月に一度訪れて1時間話していく営業パーソンと毎週一度、15分話していく営業パーソンは、やはり後者が熱心だという印象を抱かれます。

交渉を成功させたいなら、会う時間よりも回数を増やすこと。会う時間は短くても、取り引き先を足しげく訪れるほうが有効というわけです。もちろん頻度は先方の仕事の迷惑にならない範囲で。相手の都合を考慮しつつ訪問を重ねていきましょう。そのとき、何か新たな資料や先方に有用な情報を持っていけば、より効果的なのは言うまでもありません。相互の信頼関係が着実に築かれて、交渉や商談も成功する可能性が高くなるのです。

その気にさせる会話の運び方

たとえ嘘やお世辞であっても、いつも同じことを繰り返し言われると、人は気づかないうちにその気になってくるものです。大事な試験やプレゼンなどの前に、周囲から「絶対にうまくいくよ」「大丈夫」と顔を合わすたびに言われていたらそんな気になってきた、という経験のある人もいるでしょう。

その手を使って、部下のモチベーションを上げている上司は少なくありません。

多少折り合いの悪い関係であっても、部下にとって上司に気にされたり、認められたりするというのは、やはり非常にうれしいもの。繰り返しポジティブな言葉をかけ続けることは、部下の成長には、栄養を与えるようなものなのです。

ただ、上司がいくら言葉を重ねてくれたからといって、自分が努力しなければ、もちろんいい結果にはつながりません。激励はありがたくいただきながら、期待を裏切らないよう力を尽くしましょう。

デメリットがメリットになる法則

八百屋さんの「安いよ安いよ」という売り声ではないですが、取り引きなどビジネスの現場においても、この繰り返しの法則は有効です。商品の素晴らしさを

「熟知性の法則」時間＜回数

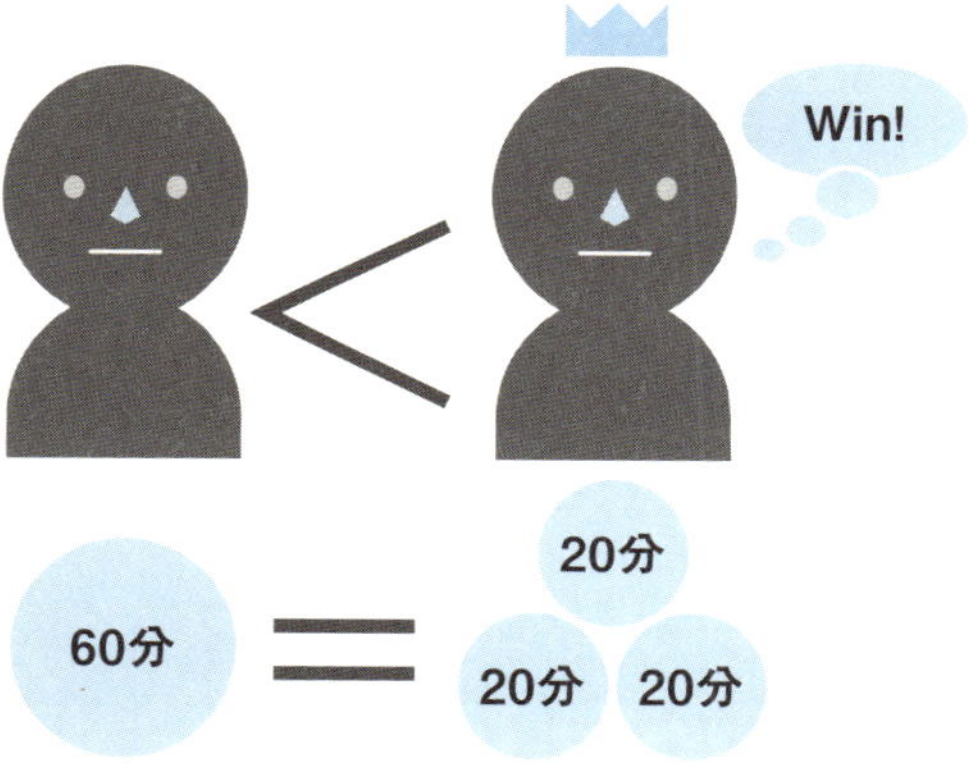

繰り返し説明することで、相手は理解とともに、商品への思い入れも深めていくのです。

なお、自社製品などの特徴について説明する際、メリットのみを挙げると、どことなくマユツバ、上げ底な印象が否めません。そこで9のメリットを伝えたら、あえてデメリットもひとつ伝えてみましょう。そうすることで、発言者の信頼度は格段にアップ、メリットの内容自体もより素晴らしいものとして伝わるようになります。

STAGE-3
POINT 04

面倒な後輩と上司への対応策

～職場の不快と不安のモトを一掃～

目には目を、後輩には後輩を

背伸びをして先輩の自分と対等ぶりたがる、過剰に自分アピールをしたがる、こちらのミスにはオーバーに反応し、あげくの果てに先輩の自分にタメぐちをきいてくる。そんな生意気な後輩、あなたの周囲にもいませんか。上司などにはそうした態度はまったく見せず、仕事の能力もそれなりに高いので、決して立場や地位の違いといったものを考慮できないわけではない――つまり、相手を選んでいるらしいのがまたイラつかせてくれます。

そんな輩《やから》に注意をしても、「そんなつもりで言ったんじゃないですよー」。「自分、ちっちぇえなー」と言わんばかりの表情と態度で、さらに神経を逆なでしてくれます。

そんな後輩を**思いのままに操るには、その高いプライドと旺盛な「反発心」を利用していきましょう**。

「○○社のプレゼンで活躍した手腕をもう一度！」「英語、母国語レベルだよね？」得意分野と自負しているところを刺激して、厄介な仕事を遠慮せずお願いしてください。有能な後輩同士で、仕事をとおして能力を競っていただくのもおすすめです。

ただ、その間怠けているとすぐに自分の立場はなくなりますので、あなたは自分の得意分野のスキルを磨くのもお忘れなく。それを生かして彼らに何らかの協力を提案すれば、ギブ＆テイク以上の効果を得ることもできるでしょう。

プライベートなグチに注意

気のおけない同僚や先輩・後輩の間柄なら別ですが、基本的に、ビジネスの現場ではプライベートな話はご法度。

ところが、自分の上司が打ち合わせ中のふとしたタイミングや飲み会の席などで、プライベートのグチをこぼしてくる場合があります。これは何を意味するかというと、上司が何かしらの下心を持っているということが多いのです。

「いつもはこんなこと話さないんだけど」というニュアンスで、ある特定の人間(あなた)に、あえて自分の恥ずかしい部分をさらけ出すのは、そうして**同情を引くことで、その人との距離感を縮めたい、近づきたいという意図が隠されています**。そしてその先には、自分の都合で相手にメリットのないことを手伝ってほしいという気持ちがあるのです。

周囲の人間(力)関係を押さえよう

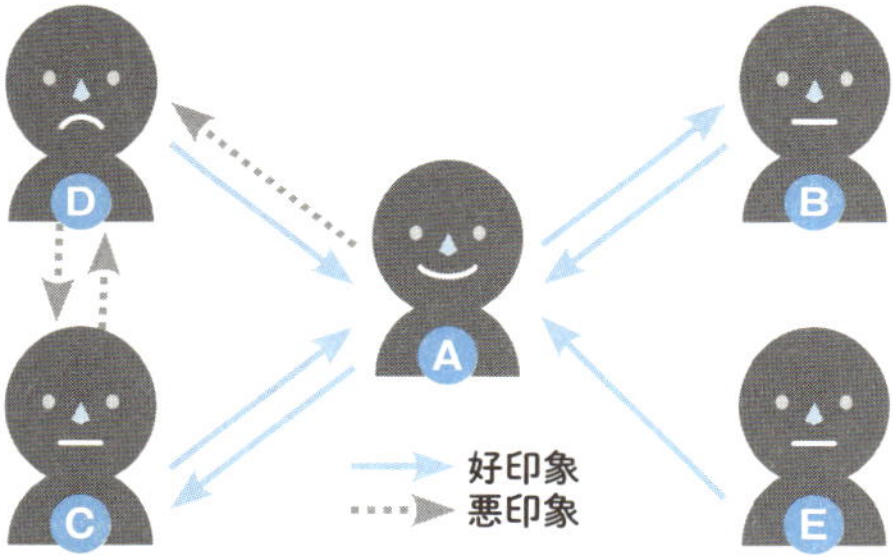

このグループ内の人間関係の特徴

A…誰からも好かれているグループ内の中心人物
D…A・Cから敬遠されている
E…誰からも意識されていない。孤立、よく言えば自立している

このグチを浴びないためには、「最近、子供が反抗期で……」などと上司が言い出したら、とにかく適当にその場を切り上げてしまうのが一番。その際、「まいったな……」という空気を醸し出しておくと、多少反感は買うかもしれませんが、上司をけん制し、プライベート会話にストップをかけるためには有効です。

なお、グチの力を借りなくても上手に社内で立ち回るためには、周囲の人間関係を押さえること。普段からグループ内の力関係をチェックしておきましょう。

STAGE-3
POINT 05

長いものに上手に巻かれる方法

～要求を阻止して〝巻き込まれ〟回避～

上司とは争わずコントロール

〝あるある〟タイトルでも話題を呼んだ橋本治『上司は思いつきでものを言う』（集英社）は、上司が思いつきでものを言うに至った理由を国の歴史から紐解いたもの。ひと昔近く前のヒット作ですが、当時目を引いたタイトルは今日もそのまま、大きな共感を得られるものです。

そう、時代の変化に関わらず、上司は往々に思いつきでものを言う生きものです。それなりの理由はあるのでしょうが、チーム内ミーティングや打ち合わせをその日の夜や翌朝などにセッティングしたり、急に報告書提出を要求してみたり。部下の予定などはもちろん基本的に考慮しないので、メンバーはスケジュールを再設定したり、ひどい場合は、取り引き先との打ち合わせの変更を強いられることも。なかには、「急に言われても、ちょっと無理です」と言う部下に、ムキになって押し通そうとする、どうかと思うような上司すらいます。みんなを困らせる、こうした上司の思いつき行動にはどう対処すればいいのでしょう。

社会心理学者のリービットの提示した「集団のパターン」(↓P103上図)からもうかがえるように、そもそも、多くの上司にとって、部下というものは自分の言うことに従ってくれる存在というイメージがあります。

幼稚でワンマンな上司には、まず、その自尊心を満たしてあげること。無理難題も「全員参加するようにスケジュールを調整させます」といったんは了解し、30分後、調整に難航していることを報告し、強制参加だと得意先とトラブルになりかねないと伝えて、実現不可能な状況を提示。上司を納得させつつ、要求は却下していきましょう。

上司のミスを反省させる方法

決断・行動・飲み込みともに速く、ビジネスパーソンとしては有能。でも勘違いミスが多いなど、部下からすると扱いにくい面のある上司も少なくありません。部下から提出された報告書を見てデータの間違いを指摘してくれるのはいいのですが、そのデータを作成したのは別の部下だったり、指摘自体も、上司が数字の単位を勘違いしていた、というオチまであったりして。

そんなときは「自分が担当したものではないですし、このデータは単位が違うのでは」と言い返したいところですが、こうした〝デキる〟上司に皮肉や嫌味は逆効果。プライドが高いため、ミスを部下から指摘されると、メンツを傷つけら

リービットによる「集団のパターン」

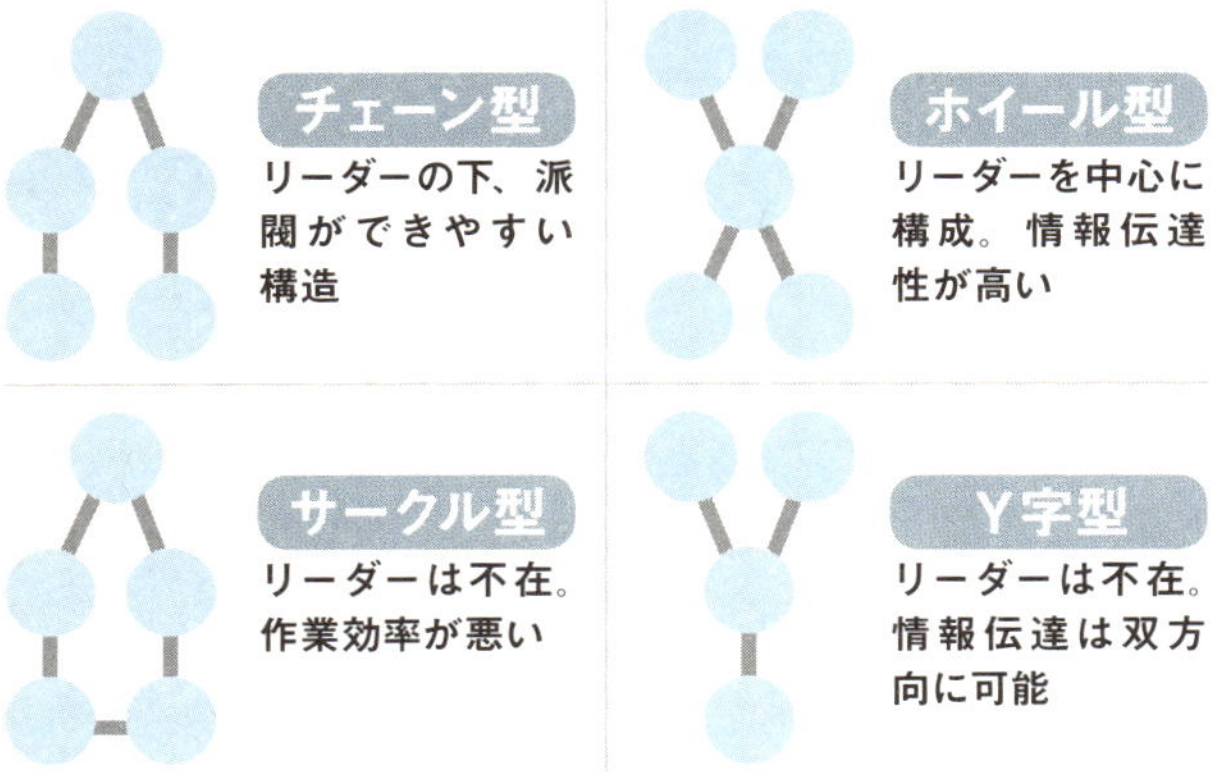
チェーン型
リーダーの下、派閥ができやすい構造
ホイール型
リーダーを中心に構成。情報伝達性が高い
サークル型
リーダーは不在。作業効率が悪い
Y字型
リーダーは不在。情報伝達は双方向に可能

れたように感じてしまったりします。**相手のミスを正しく指摘しても、自分にとってメリットはありません。**ここは声のトーンを押さえて、「ご指摘ありがとうございました」と部下の仕事を気にしている上司の姿勢のみを認めるのが正解です。

その後は、データを実際に作成した同僚などに一連のエピソードなどを伝えて理不尽なとばっちりを処理した恩などを売りつつ、大人な対応のできた自分を自分でほめて、溜飲を下げてください。

STAGE-3
POINT 06

話し合いをスムーズにする環境

～本音を引き出す〝場〟のつくり方～

出席者を話に集中させる

会議に集中しやすくなる環境は、どのようにつくれるのでしょう。だらだらと続く会議では、当然ながらいい結論を導き出すことは難しいもの。参加者の集中力の落ちた会議では、最悪の場合、長時間かけても結論が出ないこともあります。

集中して会議を進めるコツは、あえて狭い部屋で行うこと。もちろん大勢での会議には向きませんが、それほど人数の多くない場合は、参加者が少し定員オーバーなくらいのスペースの会議室のほうがかえっていいのです。

部屋が広すぎると、会議の緊張感が全員に伝わりません。それぞれの意見が聞こえにくかったりして会議自体が他人事のようになってしまい、自然と集中力が薄れていくのです。各々の会議への参加意識が低くなれば、真剣な議論は行いにくくなります。

その点、会議室が狭くなると、否が応にも参加意識はアップ。参加者同士の位置が近いため、ひとりでもぼんやりしている人がいればひと目でわかります。お互い顔を突き合わせていると、意見交換も自ずと熱を帯びてきます。こうなると、集中して会議を進められるかどうかは、会議室の選択にかかっていると言っても過言ではありません。

和やかムードをつくる

活発に意見を交わしながらも和やかな雰囲気で会議を進めたい。その場合は、

参加人数などにもよりますが、長方形のテーブルではなく、丸テーブルを利用したほうが効果的です。長方形のテーブルは、議長席が自ずと決まってくるなど席に序列が生じてしまうのに加え、広いものになるほど対角線上に座る人の距離が離れ、意見の交換はしにくくなります。

一方、丸テーブルの場合は、席に序列がつきにくく参加者が対等になるので、自由に意見交換できる雰囲気づくりが可能。丸テーブルは大きさが限られてくるため、向かいの人同士の距離が離れすぎるということもありません。参加者の声が遠くて聞き取りづらいこともなく、全員がそれぞれの意見に耳を傾けることができるでしょう。

会議テーブルの形状にまで注意を払う人は少ないかもしれませんが、セッティングの際はこうしたインテリア選びからこだわると、より目的に合った雰囲気の会議が実現できます。

相手をリラックスさせる質問例

それほど親しくないにもかかわらず、答えにくい質問ばかりする人とは誰しもあまり話したいとは思わないでしょう。逆に、質問から話題を巧みに引き出し、会話を展開させてくれる人には好感を抱き、もっと話したいと思うものです。

親しくなりたい相手がいるときは、飼っているペットや趣味の話など、深くはない内容でもあえて答えやすい質問ばかりをするのがポイント。相手が答えにくい質問は、ここはぐっと我慢で。そのほうが相手との距離が近づきやすいのです。

本音を引き出したいというときは、座面の柔らかいイスにゆったりと腰掛けられる場所がおすすめ。周囲のインテリアの色、部屋の明るさや温度、湿度など、あらゆる面で心地よい安心できる環境であれば、人は警戒心をゆるめ、よそゆきの仮面をはずした本来の自分をさらけだすことに抵抗を感じにくくなります。

STAGE-3
POINT 07

会話上手になるテクニック

～「聞きたい」と相手に思わせるには～

侮れない「声」のアピール力

会話の上手な人になりたい、と思う人は多いでしょう。確かに、淡々と続く単調な話や、逆に早口で一気にまくしたてられる話は、内容が面白くても、聞き手にとってなかなか厳しいものがあります。

一方で、それほど重要な話をしているわけではないのに、なぜか熱心に耳を傾けたくなる人も。そういう人たちは、話すときの速度やリズム、間の取り方などを駆使して、聞き手の興味をかき立てます。なかでも**注目すべきは、絶妙な〝間〟**。

その一瞬の沈黙のあとに飛び出す言葉に、聞き手は集中するのです。

なお、言語コミュニケーションの研究分野では、目の前の相手の発言から聞き手に伝達されるのは、次の3要素とされています。

・「内容」(発せられた言葉そのものの意味)・「身体」(表情、身ぶり、姿勢)
・「声」(声の大きさ、スピード、震えがち、はっきりしている等の特徴)

一説に、このうち聞き手に受け取られる「内容」は7%に過ぎないのだとか。残り93%は、「身体」が55%、「声」が38%。この割合には調査方法などによって諸説あるようですが、言語コミュニケーションにおける身体言語と声の表情の重要さをよく示しています。特に、電話のみのやりとりも多い現代において、無視できないのが、声の重要性。ボイストレーニング、話し方教室に通うなど、自分の声や話し方の向上を目指す人はすでに少なくありませんが、実際、会話上手への道に声まわりの要素は不可欠な要素といえます。

セールス電話の会話術

突然かかってくるセールス電話は、まさに招かれざるもの。会員向け商品を紹介する電話などは流れるような説明を途中で遮ることが難しく、言葉の切れ目まで仕方なく耳を傾ける人も多いのでは。ただこれは、先方の目的がはっきりしているのでまだ対処しやすいほうといえます。

問題は、いろいろな話題を展開し、なかなか肝心の用件を切り出さずに長電話になだれこむパターン。最終的な目的を隠して会話を長引かせるこの手のセールス電話の目的は、「話を聞きたい」と思わせるのではなく、あの手この手で話を引き伸ばし、相手の情報を得つつ自分のセールスに都合のいいキーワードを引き出して、それをきっかけに誘導を図ることです。

根負けして相手の望む展開にハマってしまい、悔しい思いをすることも。あの

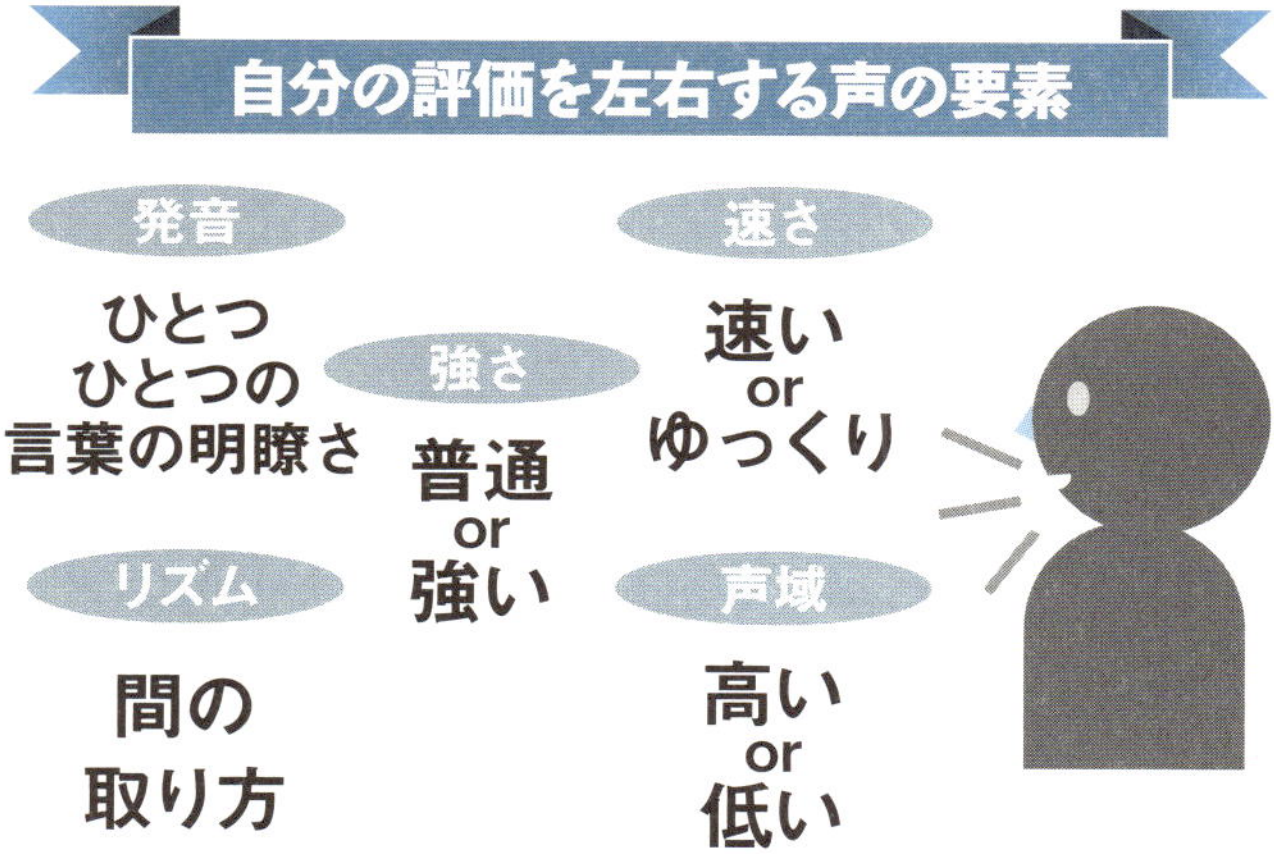

手この手で会話を長引かせる手腕はある意味感心しますが、望まないのに無理やり話を「させられ」、情報を引き出されるのはやはり気持ちのいいものではありません。まさに時間のムダです。

　こうした**セールス電話を切り上げるのに有効なのが、「ご用件はなんですか」のひと言**。のらりくらり長電話をしていた相手も、これ以上ねばることはできないでしょう。セールス内容を切り出されたら、「それは必要ありません」と一刀両断してください。

STAGE-3
POINT 08

相手の話を引きだすテクニック

～「うなずき」で相手をとことん尊重～

とにかく相手のペースで話を聞く

話し上手は、聞き上手。**人と親しくなってより深い話をしたいと考えるなら、自らの話術を磨く前に、まず聞き上手になること**です。聞き上手といっても、話の内容をよく理解できる、といった意味ではもちろんありません。話し手が気持ちよく話ができるようになるための気遣いができる人、ということです。

聞き上手になるための基本は、感心した表情とともに「なるほど」と相づちを打つことです。どんな人も自分の話を真剣に聞いてもらえるというのはうれしいもの。話に熱心に耳を傾けていることが具体的な態度で伝われば、気持ちよく話を続けてくれるでしょう。「そういうことですか、さすがですね」と感心したりすると相手の満足度は格段にアップ。**話の要所要所で相手の目を見て、うなずくことも「自分の話を本当に熱心に聞いてくれる」という印象を与えます**。

話しているうちに相手はあなたに好感を抱き、「もっとこの人にとって有意義な話をしたい」とモチベーションも上がってくるはず。その心地よい感覚は記憶にも残るので、相手はまた会って話したいと思うようになるのです。

逆に敬遠されてしまうのが、「でも」などの否定的な言葉です。会話中に「でも」で話の腰を折られると、相手もいい思いはしません。誰かと親しくなりたいときは、脳内に「?」が浮かんでも「でも」はぐっと我慢です。

また、「それはどういうことですか?」「それでどうなったんですか?」と質問をはさむのも、熱心さは伝わるものの、話し手のペースを尊重するという意味では微妙。話の流れが分断され、ペースを乱された相手は話したいと考えていたことを飛ばしてしまうことも。ここはやはり、「なるほど、そうなんですね」とうなずいておくのが一番です。

レアな「長所」に着目する

「素晴らしい営業成績だね」「画期的な発表だったよ」——10人が10人文句なしに認めることであれば、人はそれについてほめられることに慣れています。ほめられればもちろんうれしいけれど、正直、感激は薄い、というのはある意味仕方のないことでしょう。

しかし、**自分なりのこだわりはあるものの、地味だったり、わかりにくかったりしてあまり知られていないことに反応されると、心からびっくりしてしまうもの。驚きのあまり、反応した相手を見る目が変わり、その人に対する信頼感が一**

ほめるべきは日陰にアリ

気にアップすることも。その後は、あなたの意見を前以上に重視するようになったり、ほかでは言わないことを話してくれるようになったりします。

　これは、職場でも家庭でも有効な人心掌握術です。しかし、相手の知られざる美点なんてわからないよ、という人もなかにはいるでしょう。その場合は、相手が周囲の評価を集めていることに関連したものに注目。高い評価を得るためには、人にない努力が必ずあるはず。それを指摘して大いに感心すればいいのです。

STAGE-3
POINT 09

人を説得し納得させるテクニック
～相手に思わずうなずかせるコツ～

まずは相手をリラックスさせる

人に面倒な依頼をしたいとき、どうやって切り出すかは最も神経を使わなければいけないところ。単刀直入が一番、という主義の人もいるでしょうが、いきなり本題をぶつけてしまうと、相手が必要以上に構えたり驚いたりしてしまい、うまくいくこともいかなくなります。**最初は世間話や相手の興味のある話題などから会話を始め、それなりに場の空気がゆるんで相手が話に耳を傾ける状態をつくってから、肝心の用件に話を移行していきましょう。**

しかし、「実はこんな案件があって……」と面倒な依頼の内容をそのまま、正直に伝えてお願いするのは、誠実な姿勢ではあるものの、相手にそれなりのプレッシャーを感じさせてしまいます。最悪の場合、「今の状況だとそれは難しいですねー」と取り付く島もなく断られてしまうことも。どうしても引き受けてもらいたい、そんなときは、ここでも工夫が必要です。

ハードルは最初は低く設定する

依頼は、すんなり相手が引き受けてくれそうなレベルのお願いから始めることがポイントです。そして、依頼自体を納得してもらえるよう、「～なので」と相手にお願いしたい理由を短く具体的に説明します。そして、「ちょっとこちらをお願いできないでしょうか」と本題へ。

その際、印象を軽くするための「ちょっと」を付けて、「そんなに面倒なことではなさそうだ」と相手の警戒を解くことも忘れずに。

無事引き受けてもらえたら、「あ、さっきのお願いに関連して……」と、さりげなく追加するかたちで本来依頼したかった内容を伝えていきます。

ハードル高→低の錯覚を利用して

逆に、**まず初めに受け入れがたいハードな内容をお願いをしてみるというのもひとつの手**です。相手が当然のように難色を示したら、妥協して希望を下げたふりをして、本来お願いしたいと思っていた依頼を切り出すのです。

取り引きでは、初めに「この数ならこの条件で」と希望数を大きく伝えておき、先方が渋ってきたら「ではとりあえず今回はお試しということで……」と小さな数で手を打つふりをすると、いい返事をもらえるものです。

これは、海外旅行先のお土産店などで売り手と値段交渉をする感覚と似ていま

依頼の際のハードル設定

	第1段階	第2段階	A 希望
パターン1 B	● OK!	●● OK…	●●● clear!
パターン2 C	●●● No!	● OK!	● clear!

す。大幅に金額が下がると「ヘンだな……」と思いつつ、交渉の結果にその条件を勝ち得たという充実感も後押しして購入に至るというわけです。

すべての交渉事は、相手に何かしらのメリットを感じさせることがポイント。

商品の購入に際しても、本当に買い手がそれを必要として求める場合でなければ、メーカー側からのアピールを、買い手が「安い」「面白い」「役に立ちそう」といったメリットとして感じて初めて成立するのです。

もっと心理学
column 5

組織内の“根回し”がしやすくなる
人の力関係を把握する方法

第３章では、ビジネスまわりの力関係にまつわる心理について見てきました。そこからもうかがえるように、**人間同士の力関係にはさまざまなパターンがあります。組織のこの力関係を押さえ、自分の味方を認識しておくことは、事をスムーズに運ぶうえでとても重要**となります。

この力のしくみを「ソシオメトリック・テスト」という方法で心理学的に分析し、確かめたのが、オーストリアの精神分析医モレノでした。テストはまず、グループのメンバーに、自分にとって「○○な人」をそれぞれ挙げさせ、それをもとにグループの構造を知り、どの点を改善させればうまくいくかを分析しました。この分析結果をまとめるのに使われるのが「ソシオグラム」です。P 99で紹介したのがそれで、これを見ると、誰と誰が仲がよく、誰と誰の仲が悪いのか、誰が人気者で誰が孤立しているのかが一目瞭然です。これにより、グループ内の力関係が把握でき、どのようにこのグループを動かしていけばいいかがわかってくるのです。

なお、心理学者リービットは特徴により、集団には４つのパターン（→P103）があると発表しました。こちらも、集団を考え、改善していく上では有効なものです。

あなたの知らないあなたが見えてくる!

ヤバい心理テスト 3

Q こんなとき、どうする?

あなたは果樹園の管理を任されています。いよいよ収穫という時期、鳥が果実に惹かれてやってきました。収穫前の果実を守るため、あなたはどう対処しますか？

自分なら、こうする! A

1 鳥の意識をそらすため、別に鳥用のエサを用意する。

2 とりあえず鳥に果実を好きなだけ食べさせてやる。

3 鳥が果実をつついて食べないように網をかける。

診断&解説は次のページに!

ヤバい心理テスト3

解　説

　収穫前の果実に群がる鳥というトラブルにどう対処するか――このテストでは、あなたの「リスクマネジメント能力」を測ることができます。なお、鳥を威嚇して手段を選ばず追い払う、というのもひとつの手ですが、攻撃的な手法のみに徹するのはリスクマネジメントの見地からいうと初心者。穏便に物事に対処する方向を考えましょう。

1と答えた人

敵対する存在とうまくやれないか方法を模索するあなたは、リスクとの共存を選ぶタイプ。性善説に立つあなたの思いが相手に伝わると平和な展開も期待できますが、多くの場合難しいかもしれません。

2と答えた人

この上ない平和主義者ながら、果樹園管理者という役目をまったく果たせていません。リスクをリスクと考えられないあなた自身がリスクとなることを自覚しましょう。

3と答えた人

相手の行動を予測して対策を講じられるリスクマネジメント能力の高いタイプ。効率的にトラブルを乗り切ることができますが、自分の能力を過信すると思わぬ落とし穴も？

第4章

STAGE-4

敵の心の〝ツボ〟をさらに突く！

～〝ヤバい〟くらい使える実戦心理術

STAGE-4
POINT 01

自分自身のアピール力をアップする
～世間でもっとうまく立ち回るには～

魅力の成績表＝「対人魅力《たいじんみりょく》」

「人はひとりでは生きていけない」――まったくもってそのとおりです。そこで、ここまでの章では、「こうした人とはどのようにしたらうまく付き合えるのか」「この状況でこのような人を相手にどのように行動すればよりうまく日々を過ごしていけるのか」といったことについて見てきました。人は、自分以外の人をとおして、さまざまな角度から現実に向かうことを覚えていきます。**うまく、せめて普通に生きていきたいと考えるなら、自分以外の人から自分がどう見えるのか、今**

一度考えてみることが必要です。そこで、ここでは一番の基本に立ち返って、あなたの世界の中心である〝自分〟ともっとうまく付き合い、自分で自分を盛り上げるための方法について、あらためて押さえていきましょう。

心理学では、人が他人に対して抱く好意や嫌悪感情のことを「対人魅力」といいます。これを決定づけるのが、「他者《たしゃ》の身体的魅力《しんたいてきみりょく》」「近接性《きんせつせい》」「単純接触効果《たんじゅんせっしょくこうか》」「類似性《るいじせい》の法則《ほうそく》」「相補性《そうほせい》」「好意《こうい》の返報性《へんぽうせい》」など。出会ったばかりのころは相手の情報が少ないこともあり、「他者の身体的魅力」、つまり容姿に惹かれます。当たり前すぎてつまりませんが、初対面のファーストコンタクトではいわゆるイケメンや美女のほうが対人魅力は大というわけです。

魅力は自分でアップ可能？

それでは残念な容姿の人は対人魅力が乏しいのかというと、そうとも限りません。ここで注目したいのが、近接性、単純接触効果です。

近接性は、物理的に身近にいる人に対して親しみを持つ心理効果のこと。例えば、家が近い、席が隣同士といったことで親しくなりやすいといったことです。

対して、**単純接触効果は、目にする機会が多くなれば多くなるほど対人魅力が増すこと**をいいます。これは第3章POINT03（↓P92）でも紹介した「熟知性の原則」がもたらすもので、人は何度も繰り返し顔を合わせることで相手に対しより親しみを感じるようになり、好意も抱きやすくなるという効果です。

ちなみに、**類似性は価値観が似ていて同じような経験をしていること、逆に相補性は、自分にないものを持っていること**、です。対人魅力はこうした複数の要素が集まった総合的なものなので、意図的に各要素を強化していけば、相手の好意をアップすることも期待できる、と机上では考えられます。

試しに、同じ職場などに気になる人がいたら、挨拶を心がけるようにしてみま

ふたつの要素で魅力アップ！

しょう。相手は何度もあなたの顔を見ることになります。これまでは恥ずかしくて気づかないふりをしていたかもしれませんが、こうすれば、単純接触効果ポイントが稼げるはずです。頑張ってください。

そして次にその人の近所にお引っ越しを……と、だんだんきな臭い感じもしてきましたが、対人魅力がアップしても、残念ながら期待する効果は得られない場合もあります。それはなぜなのか、次の項で見ていきましょう。

STAGE-4 POINT 02

10秒の第一印象で6割が決まる

～〝10秒〟を永遠のものにしないために～

相手を操る「初頭効果」とは

コツコツと努力をして稼ぐ単純接触効果が実を結ばない理由――それは、ファーストコンタクトで嫌悪感を抱いてしまった人物や物事の場合は、逆に見れば見るほど嫌いになることもあるからです。初動で嫌われてしまったら元も子もありません。初対面での挨拶などは無難に、最悪嫌われないようにしましょう。

なお、この**ファーストコンタクトは、恋愛においてある意味決定的な位置を占める**ものでもあります。男性は、好意を抱いた女性と長く友人関係を続けていれば、そこから恋愛に発展すると考えがち。しかし、女性の多くはそうではないのです。友達と恋愛相手は最初からはっきり分かれています。

そのため、**男性は最初にふたりの関係は恋愛であるということを相手にはっきりと示すことが重要**になります。勇気は必要ですが、出会いの最初の段階で女性の脳内で恋愛対象にカテゴライズしてもらわない限り、彼女とはその後恋人に発展することは難しいのです。「最初の段階」って? と思う人もいるでしょう。実は、心理学的には、男性が女性との仲をぐっと縮めるためには、最初の〝10秒〟がとても重要とされているのです。

出会いから10秒が勝負!

あなたが偶然ある女性と隣り合わせたとします。彼女と恋愛できるか否かは、隣り合わせたこの最初の10秒間が勝負。ここで声をかけるか否かでハードルの高さは激変するのです。プレイボーイとして知られる著名人のひとりは、最初のデートで相手と会った次の瞬間に手をつなぐのだとか。これは心理学的にも非常に有効らしいのですが、一般人にとってはハードな〝10秒ルール〟かもしれません。

人は、最初に与えられた情報で、相手の全体的な印象を決定づけます。この**第一印象で相手のイメージはなんと6割方決まってしまうといわれます**。これを心理学で「初頭効果」といいます。

人は、相手が目に入った瞬間から即、頭の中でその人のイメージ構成をスタート。そこでつくられた最初のイメージは、以後、両者が接触するなかでさらに明確なイメージへと徐々に変化し、ファイルデータの上書きのように更新されていきます。しかし、短時間の接触のみの関係だった場合は、当初のイメージがそのまま相手の頭の中に残ることも。初対面でのイメージが、その後の関係にも大きな影響を与え続けます。第一印象は、実に重要なものなのです。

好意アピールで好意ゲット!

重要な初対面のファーストコンタクトでは、相手に好印象を与えるため、まず自分から好意を持っていることを相手に伝えていきましょう。自分に好意を抱いている人に対しては同じように好意を抱くという、心理学の「好意の返報性」という効果が期待できるからです。

自分が相手に好意を持っているということを伝えるポイントは、ほめることと相手の話をよく聞くこと。相づちを打ちながら熱心に相手の話に耳を傾けることで、相手のあなたへの好意をより大きくすることができます。

なお、これは苦手な人に好かれようとする際にも有効です。どんなに嫌いだと思っていても、その人に意識的に自分を合わせようとしていると、相手への反発が協調する気持ちへと変化。それが相手にも伝わるのです。

同じしぐさが相手の好意を得る

～ミラーリングは気持ちを合わせる？～

同じしぐさは好意のサイン

店内で向かい合って座っているカップルの会話が盛り上がっているとき、注意して見ていると、ふたりが同じ動作をしていることがあります。

一方が髪を触ったらもう一方も触り、コーヒーカップに手をのばしたらのばし、笑ったら笑い、イスにもたれかかると同じ姿勢に、おしぼりに手を添えるともう一方も手を拭き始めたりという具合で、ほかの人から見ると、まるで両者がお互いの真似をし合っているように見えることも。

しかしこれは、心理学で「同調《どうちょう》」（姿勢反響《しせいはんきょう》）、鏡に映ったように相手と同じ行動をとるということから別名「ミラーリング」といい、人間が共通する話題で盛り上がり、気持ちが高揚したときに起こるもの。もちろん当人同士は気づいていない無意識の動作です。なお、「同調」にはこうした「ポジティブな同調」のほか、「ネガティブな同調」も存在します（↓P135上図）。

意識的なミラーリングで相手に接近

前述のようなことから、**会話が弾んでいるとき、相手が自分と同じような動作をしたら、おそらく相手もあなたに好意を持ってくれていると判断できます。**

逆に、異性との会話は少し苦手という人も、相手の話に相づちを打ちながらタイミングよく相手のしぐさをなぞるだけで、「なんとなく気の合う人」と思われる可能性が高くなります。ミラーリングにより相手はこちらに対して親近感を持ち、打ち解けやすくなるのです。

これは行動のみならず、言葉でも有効。たとえば、「これ面白くって」「面白いんだ」、「楽しみにしてたんだよ」「楽しみにしてたんだー」という具合です。

ただし、的確にミラーリングができれば効果を得られますが、単なるモノマネのようなミラーリングは逆効果となることも。真似をされること自体を不快に思う人がいるので、使う相手や状況をよく見極めながら試していきましょう。

まだまだある、好意のサイン

相手が自分を憎からず思っているというサインは、第1章POINT02（→P14）でも紹介したように、目の表情で確認できます。**話しているときに目がよく合い、瞳孔が開いていたら相手があなたとの時間を楽しんでいるというサイン**。

相手があなたの笑顔に、自然な笑みを返してくれれば、かなり好感触といえます。

ポジティブとネガティブ、2つの同調

ポジティブな同調

打ち解け合い、信頼関係の生まれた両者はしぐさや表情などが似てくる（姿勢反響、別名ミラーリング）

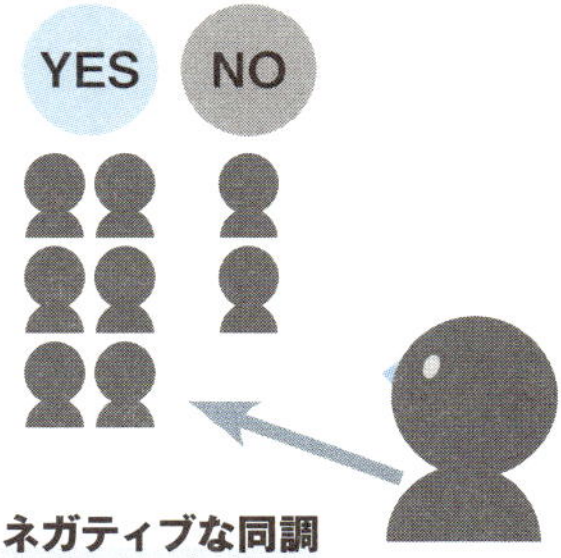

ネガティブな同調

周囲の多数と自分の意見が異なることで自信を失い、それが間違ったものであっても周りに合わせてしまう

また、男性が待ち合わせに遅れた際、女性があまり動かずにその場に佇んでいたら本気度が高いという説も。多くの女性は、本気なときほど気持ちをストレートに出さずに隠したがる傾向があります。真剣に思う相手が遅れていることに対する動揺を外に出すまいと、気持ちを隠して素知らぬふりで心を落ち着かせようとじっと待っているのです。その気持ちを汲み取って、遅れたことを謝ったら、待たせてしまった彼女をしっかりエスコートしてください。

STAGE-4
POINT 04

事前〝弱点〟申告
～弱みをオープンにするメリットとは～

自分の弱点で相手をけん制する

あなたは自分の〝弱点（ウイークポイント）〟を人に話せますか。

「ネタとして持っているのはあるけど、本当のは言ったらシャレにならない」「知られてその弱点を突かれたら困る」「知られたら自分の立場が弱くなる」――といった具合で、普通は「話さない」人がほとんどでしょう。

しかし、ある日人から知らなかった相手の弱点を教えられたとしたら？「しめしめ、いいことを教えてくれた」とそこを突いていこうとするでしょうか。

突いていく、と迷わず答える人は置いておいて（おそらく人はあなたには弱点を伝えません）、相手に弱点を伝えられたことで、「弱いところを突くのは卑怯だ、そんなことはできない」という心理が働いて、相手の弱点を回避するようになります。結果的に、相手の弱点は守られるというわけです。

人の心を動かす弱点の自己申告

「恥ずかしい話だけど、サッカー全然わからないんだ」と言う相手には、サッカーの話題はなるべく避けるでしょう。「会社が危ない感じで……」と言う相手には、借金の相談はあきらめざるを得ません。

会話を停滞させたり気まずい空気になることを避け、**相手との時間を気持ちよく過ごしたいときには、先に自分の弱点を知らせて「こういう状況ですからわかってください」と伝えておくのも、有効な手段のひとつ**といえます。

内面的な部分に関してても「努力はしてるんだけど、要領が悪くて……」「優柔不断で迷ってばかりですみません」と言われると、たとえ「ほんとコイツ要領悪い！」と思っている人に対してても、自分でもわかっているなら仕方ないか、と大目に見ようとする気持ちが働きます。ただし、弱点を乗り越えようと努める気配がないと、当然のことながら相手の理解は得られなくなりますので注意しましょう。

恋愛を盛り上げる「ダメなオレ」

〝弱点〟はまた、恋愛シーンにおいて意外な働きを見せることが。本人が思う以上に相手の心をつかむことがあるのです。

頼りがいのある男性が「この間の商談、結局まとまらなくてまいっちゃったよ」とこぼしたグチに、女性は普段とのギャップに驚くと同時に、「私だけに本音を話してくれている」と感激。「頼りにされているんだからしっかり支えてあげな

“弱点”って悪くないかも？

実は…
私が支えて
あげる！
そうなんだー
応援
この話題は
避けよう
けん制

いと」と自分の必要性を強く意識します。**相手が心を許し、しかも精神的に頼りにしてくれているという事実が女性のプライドを大いに満足させる**のです。ふたりの結びつきがここでぐっと強まるのは火を見るより明らかでしょう。

ここで注意したいのが、日頃は表に見せない気弱さだからこそ効果的だということ。頻発するとただのダメ男に磨きをかけたに過ぎないうえ、愛想をつかされてしまうこともあるので、くれぐれも調子に乗らないようにしましょう。

STAGE-4
POINT 05

人を思いどおりに動かす技術

～相手の協力を得て成果を上げる～

相談で〝強力な助っ人〟を得る

前項の「自分の弱点をオープンにする」ことと同じく、相手の心を動かして協力を得ていくテクニックというのは日常のさまざまなシーンに存在します。そのひとつが、忙しい上司への「ちょっとご相談が……」。

年長者やプライドの高い人などに自分が望むように動いてもらうのは普通に考えれば至難のワザですが、何かにつけて相談を持ちかけて関係をつくっていくことで、それも可能になります。

最初は「ちょっと」の言葉どおり、自分の仕事や人間関係にまつわる些細な相談事から持ちかけ、聞いてもらったら、お礼を言いながら「本当に勉強になりました！ また何かありましたらご相談させてください」と相手の自尊心をくすぐっておきます。

そう言われて悪い気がする人はいないでしょうし、**自分が直接関わらない現場の状況を耳にはさめるのは、相手にとってても興味深いもの。リーダーシップがある人ほどそんなふうに頼られれば内心悪い気はしないはず**です。

幾度か相談を重ねていくと、「熟知性の原則」（→P92）や「単純接触効果」（→P126）により、相手は自然に、何かあったらあなたを助けてあげたいと思い始めます。そこへあなたから面倒な案件が持ち込まれると、「よし、行ってやろう！」と自ら腰を上げてくれるということも。特に面倒な依頼なしに〝強力な助っ人〟の登場です。

選択肢の中から選ばせる

ビジネス、プライベートに関わらず、迷っていて結論の出せない人に「早く答えを出してほしい」と思う場面は少なくありません。そんなときは、回答を待ち続けるのではなく、無理に急かしもせず、自分の用意した選択肢の中から結論を選ぶ、という方向に誘導しましょう。ゼロから相手が考えたものは、自分の意図しないもの、望まない面倒なものも含まれる可能性も。また、自ら考えたものに、必要以上に相手が固執することも。用意した選択肢から選んでもらえば、その恐れもありません。**選択肢からひとつ選んでもらったら、そのひとつの詳細を決める選択肢をまた出して選んでもらいます。その繰り返しで、相手のイメージに近い答えを導き出せる**のです。相手も、お膳立てされた状況での選択ながら、自分の意思で決めたということで、結論に納得することができるはずです。

あなたの知らないあなたが見えてくる!

ヤバい心理テスト 4

Q こんなとき、どうする?

おいしそうな実がなっている高い木があります。ひとつだけその実を食べていいということになったのですが、あなたが選んだのは、どんな場所にある実でしたか?

自分なら、こうする! A

1 手を伸ばせば届く高さの位置になっている実

2 すぐ近くに落ちていてすぐに拾える実

3 台などを使えば手が届く木の上のほうの実

診断&解説は次のページに!

ヤバい心理テスト４

解　説

おいしそうな実は、あなたの理想です。つまり、実がどの場所にあるか、その手に入れにくさは「理想の高さ」を示しているというわけです。

手が届かないほど高い位置にある実が表しているのは、現実的でない理想。その実にだけ惹かれる人は、理想が高すぎるために何も得られないということもあり得ます。

1と答えた人

現実と理想のつり合いのとれているタイプ。恋愛においては、学校や職場など自分の身近な人のよい部分を発見して、恋人候補としてチェック。じっくり考えて物事を着実に運ぶことのできる人です。

2と答えた人

理想と現実は別物、という超リアリストタイプです。恋愛の場合、近くにいる気の合う人となんとなく付き合うことが多いので、盛り上がりには欠けますが長続きします。

3と答えた人

基本的に理想が高く、自分自身も能力や魅力をアップするための努力は怠らない、理想追求タイプです。自分より格下と考える人とは付き合いたくないと考えがちです。

もっと心理学
column 6

人間の弱さと可能性を映しだす
集団が擁する問題点と希望

ビジネスの現場は組織・集団によって動かされていますが、ここには「集団思考（集団浅慮）」と呼ばれるネガティブな心理が働くことがあります。

集団思考で一番大きく働く力が、「不敗幻想」。これは、自分の属する集団は力がある、個々人も必死に働いている、だからこの集団はどんなことでも乗り越えていける、というもので、この幻想が集団を支配すると、反対意見が言えなくなります。新たな問題が発生したときの対応は遅れ、多数意見でなければ有効な提案も却下されてしまいます。

他人同士で構成された集団では誰もが同じことをしているのだからと責任感が薄れます（「普遍感」）。まさに「赤信号、みんなで渡れば怖くない」の世界。**「集団思考」における多くの問題点を理解しながら、自由に意見を言い合える雰囲気づくりをしておくことが大切**です。

その一方で、ひとりの意見が多数派を変えることも。この「マイノリティ・インフルエンス（少数者の影響）」には、実績ある人がその業績を背景に集団の理解と証人を得ていくもの（「ホランダーの方略」）、力のない人が主張を繰り返し周囲を巻き込んで下から変革を促すもの（「モスコビッチの方略」）の２つがあります。

STAGE-4 POINT 06

男女を急接近させる縁結びスポット

～キーワードは「暗い」「怖い」「狭い」～

男女の仲を深めるスポットとは

デートの定番スポットのひとつが、遊園地。なかでも相手と親密になりたいなら、お化け屋敷は必須アトラクションです。

人は恐怖や不安にさらされたとき、無意識に「誰かと一緒にいたい」という気持ちが生じます。また、強い恐怖を感じるとそれを性的な興奮と錯覚してしまう場合もあります。

吊り橋の上と頑丈な橋の上、ナンパするなら頼りない吊り橋の上のほうが成功率が高いというのもこの心理の表れ。**不安定で恐怖を伴う場所では、相手が実際よりも頼もしく性的にも魅力的な人物のように思えてしまう**のです。

グループで遊園地に遊びに行ったときは、ほかのアトラクションはさておき、お化け屋敷だけはお目当ての人とふたりで入るよう画策しましょう。ふたりきりの場面では、男性はたとえかなりビビッていたとしてもできるだけ頼りがいがあるように見せる努力を。女性は相手を頼ると急接近できるかもしれません。

定番デートは心理学も太鼓判

遊園地のほか、デートにおける定番の行動といえば、ドライブに映画、食事など。ここにも、心理的な要素がたっぷり含まれています。

ふたりでの食事は、誰かと一緒にものを食べるという行為が人間の本能である食欲を満たす体験であるため、気分をよくしてくれる効果があります。

また、食事をするときはリラックスした状態になるので、相手のことを受け入れやすくなります。ビジネスにおける飲み会などの接待も、このような効果を期待して行われるものです。

次に、映画館にも当てはまることですが、食事の後にはバーなどやや暗めの場所やムードのある場所を選ぶといいでしょう。これは、**薄暗い場所は人間の警戒心を緩め、心を開きやすくする効果がある**からです。

かつて心理学者が行った実験で、明るい部屋と暗い部屋に男女を入れてその様子を観察したものがありました。明るい部屋に入った男女は離れて座り、終始、あたりさわりのない会話を展開。対して、暗い部屋に入った男女は、徐々に口数が減り、気になった相手とお互いに距離を縮め始め、触れ合ったりするようになったのだとか。このように、暗い場所は普段の抑圧が取り払われ、羞恥心も薄れる、カップルが甘い時間を過ごすには実に好都合な条件なのです。

パーソナルスペースの目安

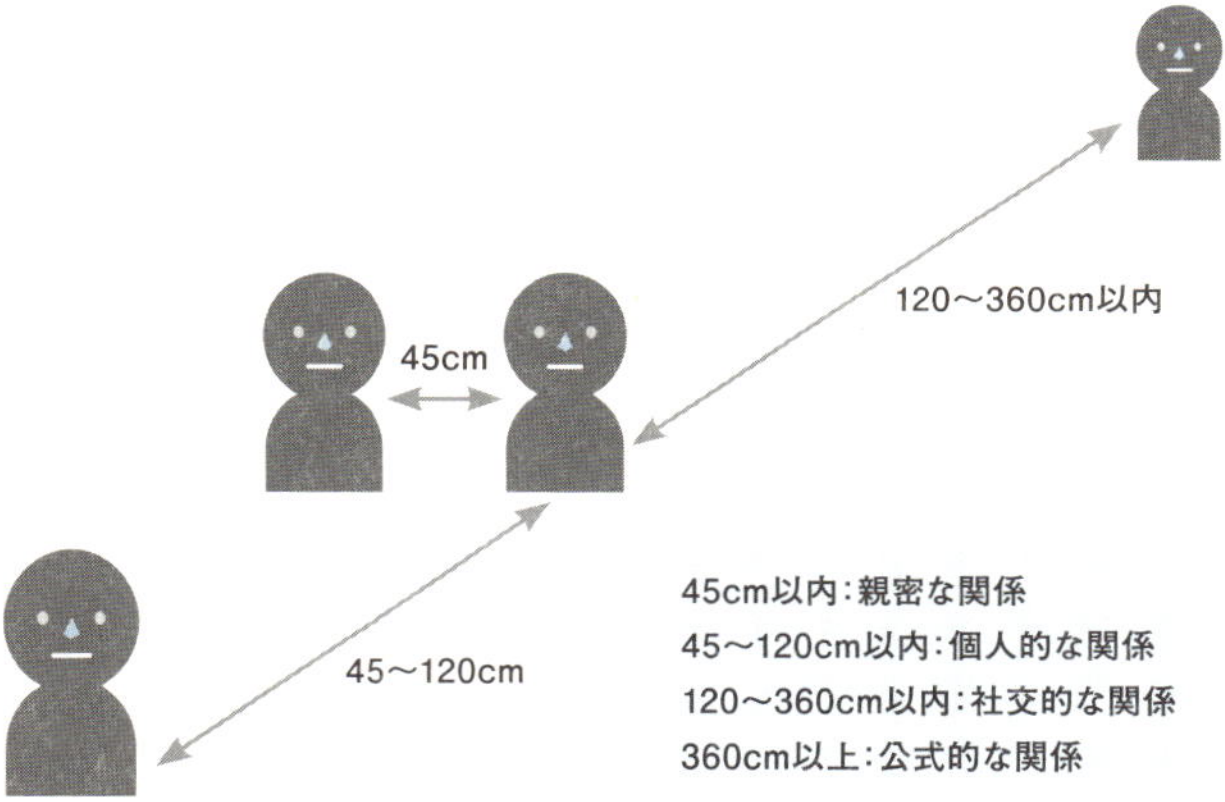

また、**女性の場合、ドライブで狭い車内で過ごす人とは協調性が生まれ、仲よくなる**ことが実験で報告されています。これはパーソナルスペース（上図）と関係があり、狭い車内でふたりの時間を過ごすことは、両者の仲をより深める効果が期待できるのです。

このように、ありきたりと思えるデートの定番行動にも多数の心理的メリットが含まれています。これらの心理テクニックを応用すれば、十分な心理的効果が期待できます。

相手の心を見極めるテクニック

～「イケる」「イケない」のサイン～

「キビシイ」異性のこんなサイン

内心気になる女性と、ふたりきりでレストランやバーへ。自ずと期待は高まりますが、そんなあなたをしり目に、メニューを開いた相手がオーダーを即決した場合。残念ながら、その女性に脈はないかもしれません。女性が食事を選ぶときというのは、それこそ注文の多いもの。「何が美味しそうか」というメニュー選びの本来の目的はもちろん、「ボリュームのあるものを頼むと大食だと思われるのでは」「食べにくいものを注文して失敗したら」など、相手に対して感情が入っているときほど、メニューを見ながら脳みそフル回転であれこれ思いをめぐらせるのです。お互いに好意があるとしたら、食べ物の好き嫌いは何かなどと話しながら一緒にメニューを検討するのは、ある意味至福のときのはず。会話も楽しまず、さっさと「決まりました!」と涼しい顔をしている女性というのは、相手の男性をさほど意識していないのです。逆に女性の場合。もし相手と親密になりたいなら、「グズだと思われたくない」と必要以上にテキパキしないで、ゆったり相談することも大切です。

近づける店、近づくタイミング

お目当ての人と一緒に食事をしながらなんとか距離を縮めたい。そんなときは、白熱灯の照明や暖色系インテリアの店がおすすめです。人をリラックスさせる暖かみのある暖色は、親密なムードづくりにうってつけ。人を冷静沈着にさせる寒色系インテリアの店は、避けましょう。

なお、**バーなどでひとりで飲んでいる異性に声をかけるなら、閉店間際が有効。**限定品に弱い人が多いように、限りがある場合、判断力は甘めになります。時間がないと焦っていると、好みでなくとも色よい返事をしてくれる可能性はアップするのです。気になる異性がいたら、閉店ぎりぎりまでネバってみては。

ラストだからこそ手抜き演出は禁物

途中まですごく面白かった映画も、ラストシーンがイマイチだと駄作のように感じられてしまうもの。反対に、さほどパッとしないストーリーでも、予想外のラストが待っていると、「けっこう面白かったね」ということに。これを、**終わり近くの感情ほど印象的に感じられる「親近効果《しんきんこうか》」といいます。**

この効果は、デートでも同様です。

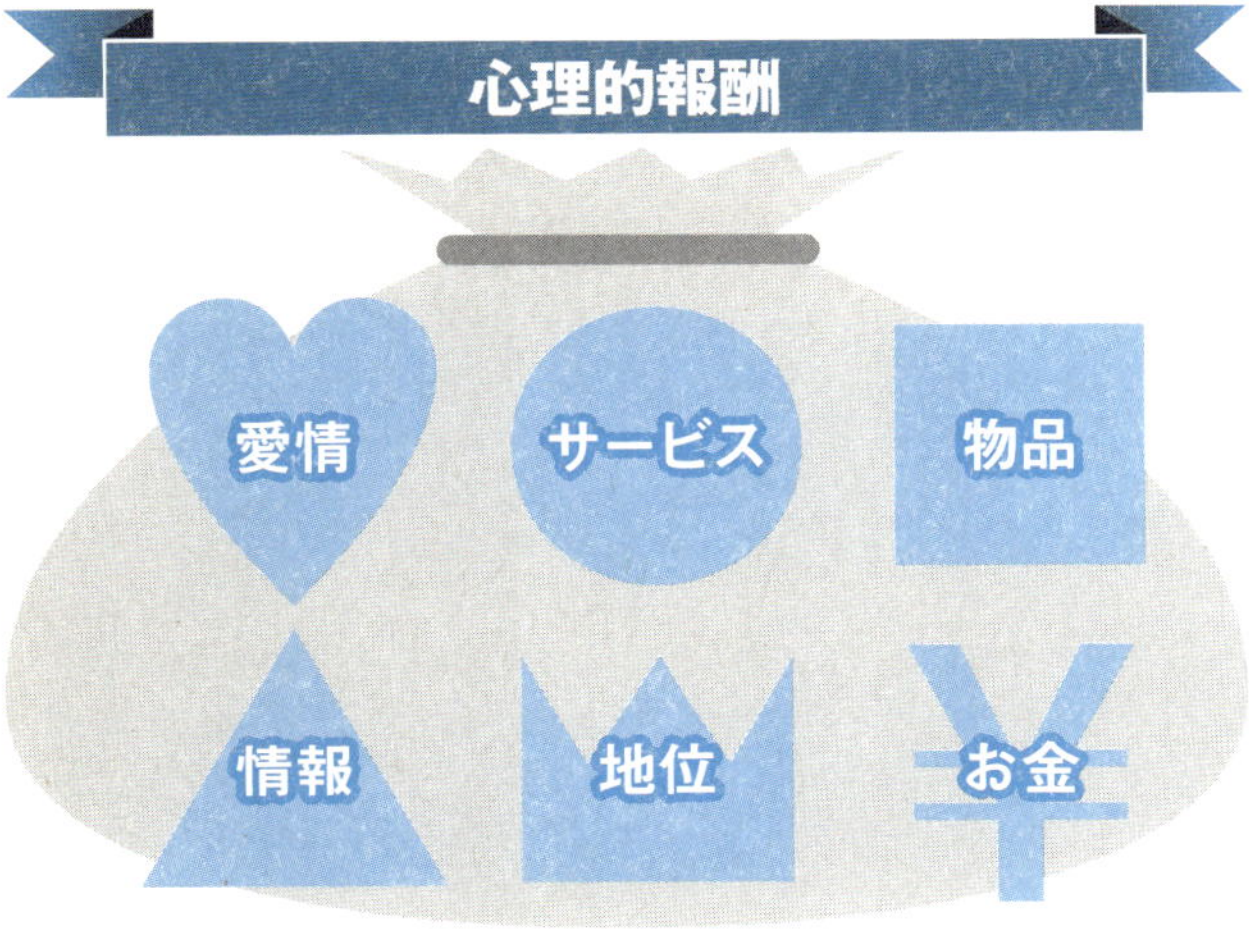

楽しいデートほど、別れるのがつらいもの。その別れ際の会話で気のきいたひと言とともに先に別れを告げると、相手に少々さびしい気持ちを残すことができます。相手のなかでその気持ちは次に会うときまで残り、深い愛情へと変わっていくのです。

なお、今は必要ないかもしれませんが、「心理的報酬《しんりてきほうしゅう》」（上図、↓Ｐ１５７）といったものも相手の心をつなぎとめたいときに使えます。今後の参考に知っておくといいかもしれません。

STAGE-4
POINT 08

心理学を駆使して成功を引き寄せる

～理解して理解させるためのツール～

「最初の2秒」の人間的信憑性《しんぴょうせい》

「じっくり物事を見定めて判断すること」は、一般にはどちらかというと美徳とされています。もちろん、心構えとして必要とされる部分はありますが、心理学的にベストの策とはされていません。「十分な情報を集めて判断されたこと」と「瞬時に頭の中で判断したこと」を比べた心理学の実験では、実は大きな差がない、という結果も出ているからです。

人間は、瞬時に決断が必要とされる危機的状況に対して、「判断能力」を磨いて進化してきました。その証拠に日常生活のほとんどの物事を、人は少ない情報から無意識に判断しています。道を曲がった先に交通量が多い道路があったら、瞬時に「危ないな、注意しなくては」と判断できるのが人間。ここでいちいち時間をかけて通行する自動車の台数、信号機の確認など、状況の危険度を調査し考える人はいません。初対面で恋愛対象か否かをカテゴライズしてしまう多くの女性の脳に泣かされた男性は少なくないかもしれませんが、瞬間的に物事を正しく判断できる能力が身についている人間にとって、それはある意味効率のいい、当然のこと。生理的にそういうことになっているというのであれば、その特徴にあった対応を考え、行動する人間でありたいものです。

話は「15分以内」に切り上げる

相手に何かを伝え、それを理解してほしいとき。相手との理想的な会話時間は、だいたい15分間といわれます。

人が相手の言うことに集中して耳を傾けていられるのは、だいたいそのくらいが限度というわけですが、その時間内に相手に肝心なことを伝え、集中力のあるうちに、その内容を把握して、理解してもらうようにしなければなりません。

長いようで短い15分を有効に使うためには、まず最初に大切なことを伝え、それから補足説明をしていくというのが効果的。

もしくは、「親近効果」（↓P152）を期待して、最初にいろいろと有効な前置きをしておき、最後に「一番伝えたいことは――」と相手の関心を引きつけておいて結論を伝える、という展開もありです。

いずれにしても、15分以上を費やせば、相手は最初に話したことなど忘れていることが多いもの。大事な話の場合は15分を目安にして、話の展開を組み立て、効果的に相手に伝える手順を考えておきましょう。

相手を離れられなくする心理術

人間は、精神的・物理的な物事を交換することで社会を成り立たせています。心理学者はこれらを「心理的報酬」と呼び、そこに含まれる要素を6つに分類しました。それは「愛情」「サービス」「物品」「お金」「情報」「地位」で、人間はこれらの報酬をたくさん与えてくれる相手に好意を持つとされています。

しかし、この心理的報酬をどちらかが一方的に受けていると心の負担が大きく、偏った状態を避けようとする心理も働きます。いつも食事をごちそうしてもらっているから、誕生日にはプレゼントを、といった行動。これには、自分の受けた心理的報酬をなんらかの形で返したい「返報性」という気持ちが働いています。相手に何か物品を贈ることで、心理的報酬の偏りをなくしておきたいのです。

男女の仲を持続させるには、この心理的報酬で相手が欲しがるものを理解する

ことが重要となります。相手が「サービス」を欲しているのに「情報」を与えても無意味なのです。また、この心理的報酬の返報性を利用すれば、相手の心をつなぎとめておくことも。**相手のニーズにあった心理的報酬をやや多めに提供し、少しだけ貸しをつくった状態をキープしておけば、相手の罪悪感を利用してあなたから離れられなくできる**のです。

ライク（好意）とラブ（恋愛）の違い

人間関係を心理的駆け引きという面で説明すると、薄ら寒い気持ちになる人もいるかもしれません。あの人にとって、私の存在はなんなのか──。これは、時代を超えて多くの人を悩ませてきた心理にまつわるテーマです。次のページでは、心理学者ルービンのライク（好意）とラブ（恋愛）にまつわるテストを紹介しています。気になる人はぜひ試してみてください。

ルービンの「ライク＆ラブ度テスト」

Q1 は順応性があると思う …………………… Yes or No

Q2 は他人から賞賛されるような人物になれると思う …………………… Yes or No

Q3 の判断力を信頼している ………………… Yes or No

Q4 をグループの代表に推薦したいと思う …… Yes or No

Q5 と自分とはお互いよく似ていると思う …… Yes or No

Q6 と一緒にいるとき、2人は同じ気持ちでいることができる …… Yes or No

Q7 と一緒にいることができないなら、みじめな思いをするだろう ……………… Yes or No

Q8 のいない生活はとてもつらいものだろう … Yes or No

Q9 が嫌な思いをしているときには元気づけるのが自分の役目だ …………… Yes or No

Q10 のためなら、どんなことでもするつもりだ Yes or No

Q11 にならどんなことでも打ち明けられそうな気がする …………… Yes or No

Q12 と一緒にいるとき、かなり長い時間、をただ見つめていることがある ………………… Yes or No

上のテストは、Q1〜6が「尊敬」「信頼」「類似性の認知」の感情である「ライク」の確認で、Q7〜12が相手への共感、一体感がより強まる「ラブ」を確認するもの。Q7以降にYESと答えるほど、相手を真剣に愛しているということになる。

監修者紹介 ● 神岡真司（かみおかしんじ）

ビジネス心理研究家。日本心理パワー研究所主宰。最新の心理学理論をベースにしたコミュニケーションスキル向上指導に定評。法人対象のトレーニング、人事開発コンサルティング、セミナー開催などで活躍している。著書に『思い通りに人をあやつる101の心理テクニック』（フォレスト出版）、『相手を自在に操るブラック心理術』『必ず黙らせる「クレーム」切り返し術』『頭のいい人が使うモノの言い方・話し方』（日本文芸社）、『「見た目」で心を透視する107の技術』（青春出版社）、『「気がきく人」と思わせる103の心理誘導テクニック』（角川学芸出版）などがある。

参考文献

『思い通りに人をあやつる101の心理テクニック』神岡真司著（フォレスト出版）／『相手を自在に操るブラック心理術』神岡真司著（日本文芸社）／『必ず黙らせる「クレーム」切り返し術』神岡真司著（日本文芸社）／『頭のいい人が使うモノの言い方・話し方』神岡真司著（日本文芸社）／『「見た目」で心を透視する107の技術』神岡真司著（青春出版社）／『「気がきく人」と思わせる103の心理誘導テクニック』神岡真司著（角川学芸出版）／『面白いほどよくわかる！心理学の本』渋谷昌三著（西東社）／『しぐさ・ふるまいでわかる相手の心理』渋谷昌三著（日本実業出版社）／『心を上手に透視する方法』トルステン・ハーフェナー著、福原美穂子訳（サンマーク出版）

そのほか、多くの書籍、Webサイトを参考にさせていただいております。

STAFF

編集	株式会社レッカ社 斉藤秀夫 立花律子（POMP LAB.）	図版作成	佐藤レイ子、寒水久美子
		DTP	アワーズ
		表紙デザイン	株式会社steamboat 和田剛
編集協力	川村泰生		
ライティング	POMP LAB.	プロデュース	株式会社ゼロ社 織田直幸
本文デザイン	佐藤レイ子		

ヤバい心理学

2013年 7月10日　第1刷発行
2016年 1月 1日　第8刷発行
監　修　神岡真司
発行者　中村　誠
印刷所　図書印刷株式会社
製本所　図書印刷株式会社
発行所　株式会社日本文芸社
〒101-8407　東京都千代田区神田神保町1-7
TEL.03-3294-8931[営業]、03-3294-2550[編集]
URL　http://www.nihonbungeisha.co.jp

Printed in Japan 112130628-112151211Ⓝ08
ISBN978-4-537-26036-6
（編集担当：菊原・上原）